Neue Lernkonzepte für Geringqualifizierte

Das moderne Arbeitsleben fordert von gering qualifizierten Mitarbeitern höhere Kompetenzen. Das Hamburger Projekt GRAWiRA hat neue Angebote entwickelt und in verschiedenen Einsatzbereichen erprobt:

Das LernCafé ist ein Lernsetting für individualisiertes, computergestütztes Lernen in ungezwungenen Lerngruppen und mit spezieller Lernbegleitung. Das Konzept erreicht sowohl bildungsferne Erwachsene als auch Jugendliche mit negativen Lernerfahrungen.

Beim Konzept des JobPaten rückt ein persönlicher Berater die positiven Lebenserfahrungen und tatsächlichen Fähigkeiten der Lernenden in den Vordergrund. Gemeinsam werden die Kompetenzen und beruflichen Möglichkeiten der Lernenden ermittelt.

Das Konzept Alpha-Team bindet Kursteilnehmende in Öffentlichkeitsarbeit und Entwicklung von Grundbildungsangeboten mit ein. Mit ihrem Beispiel motivieren sie andere potenzielle Lernende und erweitern gleichzeitig ihre eigenen Kompetenzen.

Tuija Schulte-Hyytiäinen
LernCafé – JobPate – Alpha-Team
Neue Ideen für die Grundbildung
November 2010, 171 S.,
29,90 € (D)/49,90 SFr
ISBN 978-3-7639-4702-7
ISBN E-Book
978-3-7639-4703-4
Best.-Nr. 6004136

wbv.de

W. Bertelsmann Verlag
Bestellung per Telefon 0521 91101-11   per E-Mail service@wbv.de

Ellen Abraham

Betriebliche Weiterbildung für Geringqualifizierte

Ein Akquise-Leitfaden
für Personalentwickler

GEFÖRDERT VOM

© W. Bertelsmann Verlag GmbH & Co. KG
Bielefeld 2010

Gesamtherstellung:
W. Bertelsmann Verlag, Bielefeld
wbv.de

Umschlagabbildung:
Shutterstock

Bestell Nr.: 6004135
ISBN: 978-3-7639-4700-3 (Print)
ISBN: 978-3-7639-4701-0 (E-Book)
Printed in Germany

Das Werk einschließlich seiner Teile ist urheberrechtlich geschützt. Jede Verwertung außerhalb der engen Grenzen des Urheberrechtsgesetzes ist ohne Zustimmung des Verlags unzulässig und strafbar. Insbesondere darf kein Teil dieses Werkes ohne vorherige schriftliche Genehmigung des Verlages in irgendeiner Form (unter Verwendung elektronischer Systeme oder als Ausdruck, Fotokopie oder unter Nutzung eines anderen Vervielfältigungsverfahrens) über den persönlichen Gebrauch hinaus verarbeitet, vervielfältigt oder verbreitet werden.

Für alle in diesem Werk verwendeten Warennamen sowie Firmen- und Markenbezeichnungen können Schutzrechte bestehen, auch wenn diese nicht als solche gekennzeichnet sind. Deren Verwendung in diesem Werk berechtigt nicht zu der Annahme, dass diese frei verfügbar seien.

Bibliografische Information der Deutschen Nationalbibliothek
Die Deutsche Nationalbibliothek verzeichnet diese Publikation in der Deutschen Nationalbibliografie; detaillierte bibliografische Daten sind im Internet über http://dnb.d-nb.de abrufbar.

BETRIEBLICHE WEITERBILDUNG FÜR GERINGQUALIFIZIERTE

Ellen Abraham unter Mitarbeit von Joachim Schroeder

Inhaltsverzeichnis

1. Vorworte	5
2. Hintergrund und Ziele des Leitfadens	10
2.1 Einleitung	10
2.2 Das Projekt GRAWiRA	13
2.3 Dieser Leitfaden	14

TEIL I
GRUNDBILDUNG ALS ELEMENT
BETRIEBLICHER PERSONALENTWICKLUNG

3.1 Herausforderungen der Arbeitswelt	18
3.2 Erforderliche Kompetenzen in einfachen Tätigkeiten	22
3.3 Geringer qualifizierte Mitarbeiter	28

TEIL II
DER WEG IN DEN BETRIEB

4. Der aktuelle Stellenwert von Grundbildung in Unternehmen – oder: Warum ein Leitfaden?	34
4.1 Phase 1: Vorüberlegungen – Vorarbeiten als externer Berater/Dienstleister	37
4.2 Phase 2: Unternehmensakquise	43
4.3 Phase 3: Beispiele, Projekt aufsetzen, Einordnung/Fazit	69
4.4 Phase 4: Nachhaltige Verankerung von Grundbildung im Betrieb – Berufsrelevante Grundbildung für geringer qualifizierte Arbeitnehmer sichern/Evaluation und Nachhaltigkeit – oder: Wie kann es weitergehen?	90
5. Fazit	95
Danksagung	99
Anhang	101
Literaturliste, Autoren und Bildnachweis	140

1. VORWORTE

Die Hamburger Volkshochschule hat ihre langjährigen Erfahrungen in Alphabetisierung und Grundbildung mit dem vom Bundesministerium für Bildung und Forschung finanzierten Projekt GRAWiRA erstmalig systematisch auf den Bereich der Kompetenzentwicklung **für** den Beruf und **im** Beruf bzw. Betrieb ausdehnen können. Mit der Herausgabe von zwei Bänden zur Projektdokumentation werden die wesentlichen Arbeitsergebnisse zugänglich gemacht und stehen damit für eine nachhaltige Nutzung bereit. Die damit geschaffene Möglichkeit zum Transfer ist zugleich ein Beitrag, die Rentabilität der eingesetzten Fördermittel zu erhöhen.

Der Band 2 „LernCafé – JobPate – Alpha-Team – Neue Ideen für die Grundbildung" beschäftigt sich mit der Frage, wie arbeitsrelevante Kompetenzen am Übergang von Schule oder Arbeitslosigkeit in den Beruf vermittelt werden können, und stellt dazu innovative Lernsettings vor.

Der vorliegende Band greift das Thema „Grundbildung als Element betrieblicher Personalentwicklung" auf und zeigt für dieses noch sehr neue Feld gelungene Beispiele, denen zu wünschen ist, dass sie vielfach aufgegriffen, adaptiert und weiterentwickelt werden. Er wendet sich damit an alle Akteure, die dieses Feld mitgestalten: Ihnen stehen die innovativen Ansätze und Produkte des Projekts GRAWiRA für ihre eigene Praxis zur Verfügung.

Dr. Hannelore Bastian/Geschäftsführung Hamburger Volkshochschule

Wie es begann oder was war zu tun – ein persönliches Vorwort

November 2006 – die Ausschreibung „Forschungs- und Entwicklungsvorhaben im Bereich Alphabetisierung/Grundbildung" des Bundesministeriums für Bildung und Forschung (BMBF) wird veröffentlicht.

Mein erster Gedanke: Das klingt gut, interessant, besonders der 3. Förderschwerpunkt „Forschungs- und Entwicklungsarbeit im Kontext von Wirtschaft und Arbeit" reizt mich – etwas bewegen für die Zielgruppe „Menschen mit Grundbildungsbedarf". Etwas zum Positiven verändern, von dem nicht nur die Betroffenen selber, sondern auch die Gesellschaft und mit ihr die Wirtschaft profitieren und vice versa.
Zu idealistisch? Zu utopisch? Nein, ich glaube nicht! Es werden sich Unternehmen und in ihnen Verantwortliche finden lassen, die erstens wissen, dass sie Menschen mit unzureichenden Grundbildungskompetenzen beschäftigen, die zweitens eine positive Einstellung zu ihren Mitarbeitern haben und die drittens ahnen, dass durch die Qualifizierung ihrer Mitarbeiter etwas zugunsten der „Produkt"-Qualität ihres Unternehmens verbessert werden kann. Unternehmen, denen bewusst ist, dass viele ihrer Mitarbeiter nicht an fachbezogenen Fortbil-

dungen teilnehmen, die jedoch nicht den Grund dafür kennen oder fürchten, mit einer direkten Ansprache den Mitarbeitern „auf den Fuß zu treten".
Durch Joachim Schroeder die Goethe-Universität Frankfurt als Verbundpartnerin[1] zu gewinnen war nicht schwierig, hatte das Grundbildungszentrum der Hamburger Volkshochschule doch schon häufig erfolgreich mit ihm kooperiert.

Unklar war ich mir jedoch noch darüber, welchen konkreten Weg ich einschlagen sollte, um interessierte Unternehmen zu erreichen. Um zu einem Ergebnis zu kommen, galt es, folgende Fragen zu beantworten:

– Von welchen Unternehmen ist bekannt, dass sie sich auch sozial engagieren?
– Wer hat direkten Zugang zur Zielgruppe?
– Durch wen könnten Verbreitung und Nachhaltigkeit gewährleistet werden?
– Wie kann es gelingen, bereits im ersten Telefonat die Personalverantwortlichen zu überzeugen, dass eine Kooperation mit dem Projekt GRAWiRA eine Chance für das Unternehmen in sich birgt?

Eine Herausforderung war es, gegenüber interessierten Unternehmen bereits zu Anfang des Projekts einen unternehmensspezifischen Mehrwert aufzuzeigen, mit dem ich überzeugen konnte. Es musste mir gelingen, bereits im ersten Telefonat und in den ersten Einzelgesprächen beim Gesprächspartner ein Vision zu erzeugen und spezifische Ansatzpunkte zu finden, dass sich durch und mit GRAWiRA etwas positiv verändern könnte: dass der Einsatz geldwerter Leistungen in Form betriebsinterner Personalressource sich rechtfertigen würde, dass sich durch die Mitarbeit in GRAWiRA auch Impulse für die eigene Arbeit ergeben und die Ergebnisse sich als Gewinn für das Unternehmen als Kooperationspartner herausstellen würden …

Die Reaktion auf die ersten Telefonate ist bei wenigen distanziert/reserviert („Was denken unsere Kunden, wenn wir öffentlich zugeben, dass wir geringer Qualifizierte beschäftigen?" „Wieso, die arbeiten doch gut, warum sollen wir sie weiterbilden?"). Bei den übrigen und dann später auch endgültigen Kooperationspartnern ist sofort das Interesse geweckt, und es kommt das für mich befreiende „Ja – wir machen mit."
Und so nimmt die Geschichte eines meiner bisher spannendsten Projekte ihren Anfang, in dessen Verlauf es gelang, acht Unternehmen für eine Kooperation zu gewinnen. In den letzten drei Jahren haben fünf von ihnen in Zusammenarbeit mit GRAWiRA eine Vielzahl verschiedener berufsrelevanter Grundbildungskurse für ihre Mitarbeiter angeboten.
Darüber hinaus wurden etliche Multiplikatorengruppen (Mitarbeitervertretung, Betriebsräte, Objektleiter, Teamleiter und auch zukünftige Betriebswirte) für

---

[1] Die Beteiligung einer Universität war eine der Voraussetzungen für die Bewilligung des Projektes

die Thematik „funktionaler Analphabetismus" und die Probleme von Menschen mit unzureichender Grundbildung sensibilisiert und für den Umgang damit im Betrieb fortgebildet.

Die dafür gemeinsam mit den Kooperationspartnern entwickelten Materialien und Produkte können nun von Dritten dazu genutzt werden, um über das Projektende hinaus neue Unternehmen davon zu überzeugen, dass nicht nur fachliche Weiterbildungsangebote ein Gewinn für das Unternehmen sind, sondern dass gerade für die Zielgruppe der geringer qualifizierten Mitarbeiter berufsrelevante Grundbildungsangebote zu einer Win-win-Situation für Arbeitnehmer und Arbeitgeber führen. Die Materialien und Produkte unterstützen auch die Vorbereitung der Akquise und geben Hilfestellung bei der Einführung und Realisierung von „Grundbildung als Element betrieblicher Weiterbildung".

Ellen Abraham/GRAWiRA Projektleitung, Hamburger Volkshochschule

Was einen Wissenschaftler an dem Vorhaben reizte

Das wissenschaftliche Interesse der Erwachsenenbildung und vor allem der beruflichen Fort- und Weiterbildung ist selten auf Menschen gerichtet, die in schwierigen Lebenslagen zurechtkommen müssen. Und auch die Tätigkeiten im unteren Qualifikationssegment werden kaum in den Blick genommen. Die Gruppe der „bildungsfernen" Erwachsenen findet so gut wie keine wissenschaftliche Beachtung, obwohl gerade diese Menschen darauf angewiesen sind, im untersten Qualifikationssegment zu arbeiten. Doch auch in einfachen Jobs genügt es nicht mehr, einmalig für eine solche Tätigkeit „angelernt" zu werden, sondern bereits erworbene Kompetenzen – vor allem Kulturtechniken – müssen aktualisiert und neue Fertigkeiten erworben werden.

Schon seit geraumer Zeit gehe ich deshalb in verschiedenen Forschungsprojekten der Frage nach, welche Kompetenzen und Qualifikationen in diesem untersten Segment des Arbeitsmarktes tatsächlich benötigt werden. Es lässt sich daran gut die Frage anschließen, welche Lernangebote geeignet sind, damit wenig qualifizierte Menschen besser als bisher mit den Bedingungen und Verhältnissen zurechtkommen können, denen sie standhalten müssen, obwohl sie keine Berufsausbildung absolvieren konnten. Zudem interessiert mich, wie daraus arbeitsweltbezogene Qualifizierungskonzepte entwickelt und in den Betrieben implementiert werden können. Denn es gibt in solchen Tätigkeiten selten arbeitsbegleitende Schulungen, die Möglichkeit zu einer kontinuierlichen Fortbildung ist zumeist nicht gegeben, Bildungsurlaub wird nicht in Anspruch genommen, weil sonst der Arbeitsplatz gefährdet ist. Passgenaue betriebliche Fortbildungsprogramme gibt es in kleinst-, klein- und mittelständischen Betrieben häufig nicht. Den Beschäftigten wiederum fehlen Zeit, Geld und vor allem die Kraft zur individuellen Weiterbildung. Hinzu kommt die Angst, nicht „mithalten" zu können.

Als das BMBF die Ausschreibung für das Programm veröffentlicht hatte und die Anfrage der Hamburger Volkshochschule kam, ob ich Interesse hätte, an einem entsprechenden Forschungs- und Entwicklungsverbund mitzumachen, schien mir dies eine gute Gelegenheit, genauer zu untersuchen, welche Anforderungen in verschiedenen Branchen des unteren Qualifikationssegments den dort Beschäftigten abverlangt werden und über welche Kompetenzen Reinigungskräfte, Wachpersonal, Lagerarbeiter und Packer, Wäscherinnen und ambulante Pflegerinnen in ihrem beruflichen Alltag verfügen müssen, um daraus curriculare, didaktische und methodische Konsequenzen für die Gestaltung von Alphabetisierungs- und Grundbildungskursen, für nachholendes Training „on the Job" oder für Fort- und Weiterbildungsangebote im Niedriglohnsektor zu ziehen. Vergegenwärtigt man sich bei Bildungsträgern und Erwachsenenbildungseinrichtungen die realen Anforderungen in solchen Branchen und entwickelt entsprechend passgenaue Lernangebote, so sichert dies den Betroffenen eine angemessene Vorbereitung auf die Arbeitswelt und vergrößert deren Chancen, derlei Jobs zu finden und dann auch in ihnen zu verbleiben.
Und so war es für mich keine Frage, mich an der Antragstellung bzw. am Projektverbund zu beteiligen!

Joachim Schroeder/GRAWiRA Projektleitung, Goethe-Universität Frankfurt/Main

Statt eines Vorwortes: Interview mit Cord Wöhlke/
Geschäftsführer der Hamburger Drogeriekette Budni

Cord Wöhlke ist seit 1979 Geschäftsführer der Iwan Budnikowsky GmbH & Co. KG – kurz Budni, die in der Metropolregion Hamburg derzeit über 150 Drogeriemärkte betreibt. Das Unternehmen ist in den Jahren des Bestehens zu einer Hamburger Institution geworden.
Als Unternehmer und Bürger der Stadt Hamburg engagiert sich Cord Wöhlke unter anderem als Mitglied des Plenums der Handelskammer, als Botschafter des Unternehmensprogramms „Erfolgsfaktor Familie. Unternehmen gewinnen" und im überparteilichen Budni Bildungsforum. Seit 2007 ist Budni außerdem Partner des BMBF-Projektes GRAWiRA, in dem Empfehlungen für die Wirtschaft zum Aufbau berufsrelevanter Weiterbildung und u.a. konkrete Weiterbildungsangebote für geringer qualifizierte Arbeitnehmerinnen und Arbeitnehmer entwickelt werden.

Warum engagiert sich Budni im GRAWiRA-Projekt?

Cord Wöhlke: Bildung; Forschung und Innovatioan tragen immer zur Entwicklung einer Region bei und sind der einzige Weg, um Chancengleichheit herzustellen.Bildung muss insgesamt einen hohen Stellenwert in Deutschland bekommen. Ein Leitbild „Wachsen durch Bildung" wäre ein förderliches für Hamburg, das auch von Unternehmen übernommen werden sollte.

Nicht zuletzt wird die demografische Entwicklung Unternehmen vor besondere Herausforderungen stellen: Werden in der Gesellschaft weniger Kinder geboren, bedeutet das für uns, dass es zukünftig schwieriger wird, qualifizierte Mitarbeiter zu finden. Der Tag wird kommen, an dem wir auch auf geringer qualifizierte Menschen zurückgreifen müssen. Und dann werden wir Strategien brauchen, diese Menschen selbst für höhere Positionen zu qualifizieren. Dabei ist aus meiner Sicht individuelle Förderung das A und O. Nur so kann jeder das Beste erreichen. Ich möchte jedenfalls betonen, dass ich nicht glaube, dass es Geringqualifizierten an Intelligenz mangelt, sondern dass eine frühzeitige Förderung fehlt.

Noch ist der Tag aber nicht da?

Cord Wöhlke: Da Bildungsfragen erfahrungsgemäß einen langen Atem und viel Weitblick erfordern, sind wir sehr daran interessiert, uns schon jetzt vorzubereiten, bevor sich die angesprochenen Schwierigkeiten des demografischen Wandels auswirken.

Wie sieht die Zusammenarbeit mit GRAWiRA konkret aus?

Cord Wöhlke: Die Sprecherin unserer Mitarbeitervertretung und der Personalverantwortliche nehmen regelmäßig an Arbeitsgruppentreffen des Projekts teil. Darin arbeiten sie aktiv an den Ideen und Produkten mit. Unter dem Motto „Mitarbeiter fördern – Bedarfe erkennen" setzen wir die Erkenntnisse des Projekts dann auch um. Wir leisten also einen aktiven Beitrag und profitieren schließlich selbst davon.
Die Mitarbeitervertretung von Budni kümmert sich ganz gezielt um Grundbildung und steht als Ansprechpartnerin zu Verfügung. Sie begleitet z.B. Mitarbeiter, die ihre Lese-/Schreibfähigkeiten verbessern wollen, zur Beratung ins Grundbildungszentrum der Hamburger Volkshochschule. Sie organisiert die Befragung von Bildungsinteressen, die Schulung der Mitarbeiter im Lager sowie die Information/Weiterbildung betrieblicher Multiplikatoren, die für Grundbildung sensibilisiert werden. Denn es fällt immer wieder mal auf, dass auch gute Mitarbeiter z.B. Schwächen im Lesen bzw. Grundbildungsprobleme haben. Deshalb muss es im Unternehmen offen akzeptiert werden, dass es so ist, und jeder muss dazu stehen und offen darüber sprechen können.
Auch planen wir, das Thema im „Ladenfunk" anzusprechen: unserem Mitarbeiterradio vor der Ladenöffnung, wenn Regale aufgefüllt und die Räume gereinigt werden, was in der Regel von geringer Qualifizierten erledigt wird. Außerdem veröffentlichen wir in unserer Mitarbeiterzeitschrift, welche Erfolge einige der Kolleginnen und Kollegen durch Weiterbildung erzielen konnten.

Was tut Budni konkret für die Grundbildungsförderung der Mitarbeiterinnen und Mitarbeiter?

Cord Wöhlke: Im ersten Halbjahr hatten sich zehn Prozent der gewerblichen Mitarbeiter aus dem Lager einen PC-Kurs gewünscht. Das haben wir unterstützt, indem wir z.B. einen Raum mit vier PC eingerichtet haben, in dem der Kurs stattfinden konnte, und in Absprache mit GRAWiRA den Kurs zweimal pro Woche angeboten: für die eine Gruppe nach der Schicht, für die andere Gruppe vor der Schicht.

Für das zweite Halbjahr haben sich die Mitarbeiter aus dem Grundbildungsportfolio außerdem auch Deutsch- und Englischkurse gewünscht. Für Budni ein schöner Erfolg!

Sie haben Zeit- und Personalressourcen in GRAWiRA investiert. Wo liegt für Sie der Gewinn?

Cord Wöhlke: Es steht außer Frage, dass Konzepte und Materialen und Kooperationspartner (hier die Hamburger Volkshochschule) gebraucht werden, um der oben beschriebenen Problematik begegnen zu können. Dafür brauchen wir Erfahrungen mit soliden Ansätzen, die wir mit GRAWiRA gewonnen haben. Mir war als Unternehmer wichtig, dass alles, was hier erarbeitet wurde, praktisch ist und ohne große Probleme umgesetzt werden kann.

Der Leidensdruck in den Firmen wird wachsen, und dann muss es auch zu Verhaltensänderungen kommen, sich mit Grundbildung zu beschäftigen. Tatsächlich haben wir in Deutschland kein Erkenntnisproblem, sondern ein Umsetzungsproblem.

2. HINTERGRUND UND ZIELE DES LEITFADENS

2.1 EINLEITUNG

Es ist mittlerweile allgemein erkannt, dass Weiterbildung eine sozialpolitische Notwendigkeit ist, um den Herausforderungen durch Globalisierung, dem demografischen Wandel und der technologischen Weiterentwicklung unter dem Motto „Chancengleichheit, Zugangsmöglichkeiten, Solidarität" angemessen und zukunftsweisend begegnen zu können. Erst eine solide Grundbildung ermöglicht den Erwerb von Bildungsabschlüssen und ist die Voraussetzung für „lebenslanges Lernen". Sie eröffnet den Weg in das Berufsleben und ist wichtigste Voraussetzung für die Wahrnehmung demokratischer Rechte und für eine aktive Teilhabe an der gesellschaftlichen Entwicklung.

> **GRUNDBILDUNG** bezeichnet dabei die Minimalvoraussetzungen an Wissensbeständen, Kenntnissen, Fertigkeiten, personalen und sozialen Kompetenzen, die für Orientierung und aktives Handeln in der Gesellschaft notwendig sind. Grundbildung hat zum Ziel, insbesondere bildungsbenachteiligten und lernungewohnten Menschen Lernen zu ermöglichen. Grundbildung ist vom inhaltlichen Umfang her kein feststehend definierter Begriff, da gesellschaftliche Anforderungen und individuelle Lebenslagen steter Entwicklung unterliegen.

Auch in Deutschland ist Alphabetisierungsarbeit/Grundbildungsarbeit mit Erwachsenen notwendig, denn Grundbildung (u.a. elementare Kompetenzen im Lesen, Schreiben, Rechnen) ist zwar als ein grundlegendes Menschenrecht anerkannt, dennoch wird sie von einem Teil der Bevölkerung, so zeigt ein OECD-Vergleich, in nicht ausreichender Weise erworben.

> **SUEDDEUTSCHE.DE – 30.07.2010**
> „Vom Ziel, die Zahl der Schulabgänger ohne Hauptschulabschluss zu halbieren, sind Bund und Länder noch weit entfernt. Von 8,5 Prozent (2004) auf rund sieben Prozent (2008) schrumpften die Zahlen bisher. Doch sind das laut Statistik immer noch rund 64.400 bundesweit, deren Chancen auf dem Ausbildungs- und Arbeitsmarkt miserabel sind. Vor allem in den östlichen Bundesländern, wo in Mecklenburg-Vorpommern der Spitzen-Negativwert von mehr als zehn Prozent erreicht wird. Im Westen liegt die Zahl der Schulabgänger ohne Abschluss im Länderschnitt bei unter sieben Prozent."

Dazu kommt, dass ein Scheitern im Bildungsprozess und Berufsleben und die soziale Herkunft in Deutschland so eng wie in keinem anderen OECD-Staat miteinander verbunden sind. Das bestätigen neben den PISA-Ergebnissen auch immer wieder die Forschungen zu den Biografien von Erwachsenen, die in Volkshochschulen das Lesen und Schreiben in einem zweiten Anlauf erlernen. Die Situation wird noch dadurch verschärft, dass die Beteiligung an Weiterbildung umso geringer ist, je niedriger die Bildungs- und Ausbildungsabschlüsse sind. Dies ist nicht zuletzt auch auf nicht adäquate und an die Zielgruppe der Geringqualifizierten nicht angepasste Weiterbildungsangebote zurückzuführen.

Angesichts des „PISA-Schocks" bekam die Problematik Alphabetisierung – Grundbildung – Berufschancen eine neue Brisanz und Aktualität in der öffentlichen Diskussion.

Insofern ist es zu begrüßen, dass das Bundesministerium für Bildung und Forschung (BMBF) im Rahmen der Weltalphabetisierungsdekade der Vereinten Nationen (2003–2012) für den Zeitraum von 2007 bis 2012 den Förderschwerpunkt „Forschungs- und Entwicklungsvorhaben im Bereich Alphabetisierung/Grundbildung für Erwachsene" eingerichtet hat.

Die Weltalphabetisierungsdekade hat das allgemeine Ziel, die Anzahl der (funktionalen) Analphabeten weltweit bis Ende der Dekade deutlich zu verringern und Grundbildung als ein Menschenrecht für alle zu realisieren und besser zu verankern. Für Industrieländer wie Deutschland bedeutet dies, neben der Prävention im Schulalter Bildungsbenachteiligung durch das Ermöglichen nachholender Grundbildung im Erwachsenenalter auszugleichen.

Spezielles Ziel des BMBF-Förderschwerpunktes ist die Verbesserung des Forschungsstandes hinsichtlich der Dimension des funktionalen Analphabetismus in Deutschland und der Grundbildungsanforderungen in der heutigen Arbeitswelt. Hieraus werden Empfehlungen zu Unterstützungs- und Beratungsmaßnahmen für Erwachsene mit unzureichender Grundbildung sowie zur Professionalisierung der Alphabetisierungsarbeit abgeleitet.

Der Förderschwerpunkt ist in vier Themenbereiche gegliedert. Die jedem Themenbereich zugeordneten Forschungs- und Entwicklungsvorhaben wurden als Einzelvorhaben – zusammengefasst in Verbundvorhaben – von einer unabhängigen Jury zur Förderung vorgeschlagen. Insgesamt werden in dem Förderschwerpunkt 27 Verbundvorhaben finanziert, die zusammen über 100 Einzelprojekte umfassen. Die Verbundvorhaben arbeiten zu den folgenden Themen:

1. Forschungsarbeiten zu Grundlagen der Alphabetisierungsarbeit mit Erwachsenen

2. Forschungsarbeiten zur Erhöhung von Effizienz und Qualität von Unterstützungs- und Beratungsmaßnahmen für Erwachsene mit unzureichender Grundbildung

3. Forschungs- und Entwicklungsarbeiten zur Alphabetisierungs- und Grundbildungsarbeit im Kontext von Wirtschaft und Arbeit

4. Forschungs- und Entwicklungsarbeiten zur Professionalisierung der Lehrenden in der Alphabetisierungs- und Grundbildungsarbeit mit Erwachsenen

2.2 DAS PROJEKT GRAWiRA

Zusammen mit einer Forschergruppe der Goethe-Universität Frankfurt/Main beantragte die Hamburger Volkshochschule, Zentrum Grundbildung und Drittmittelprojekte, Mittel aus dem BMBF-Förderschwerpunkt, Themenbereich 3, für das Verbundprojekt GRAWiRA (**Gr**undbildung, **A**lphabetisierung, **Wir**tschaft und **A**rbeit), das im Herbst 2007 startete und bis Ende 2010 als eines der bundesweit 27 Verbundvorhaben finanziert wurde.

Zusammen mit 24 Kooperationspartnern aus Bildung, Forschung, Wirtschaft, Kommune und Behörden wurden in fünf Teilprojekten mit insgesamt mehr als 20 Einzelvorhaben durch eine enge Verzahnung von erwachsenenbildnerischem und erziehungswissenschaftlichem Know-how systematisch und auf breiter Basis die Lernbedarfe von Beschäftigten in verschiedenen Branchen des Niedriglohnsektors erhoben.
Auf der Grundlage dieser Erhebungen wurden „berufsrelevante Weiterbildungsangebote im Bereich Grundbildung" für geringer qualifizierte Mitarbeiter als passgenaue Lernangebote entwickelt, erprobt, ggf. modifiziert und evaluiert. Auch bereits vorhandene Konzepte wurden zur Erforschung ihrer Einsatzmöglichkeiten genutzt.
Ziel war es, die erprobten Lernangebote als Prototypen in der betrieblichen Weiterbildung zu nutzen, um Chancen und Teilhabe von geringer qualifizierten Mitarbeitern auf dem Arbeitsmarkt und in der Gesellschaft durch den (nachträglichen) Erwerb von Grundbildungskompetenzen im Rahmen betrieblicher Personalentwicklungsangebote zu erhöhen, ihre berufliche Situation zu verbessern, den gesellschaftlichen Veränderungen und den gestiegenen beruflichen Anforderungen Rechnung zu tragen und Jungerwachsene durch Förderangebote bei der Vorbereitung auf den Schulabschluss zu unterstützen.

> Unter **geringer qualifizierten Mitarbeitern** verstehen wir alle Beschäftigten, die nur über einfache Grundbildungskompetenzen verfügen, aber dennoch erfolgreich ihre Arbeit ausüben können.
> Eine genauere Definition und Beschreibung befindet sich in Kapitel 3.3, Seite 28f.

Darüber hinaus versuchte das GRAWiRA-Projekt, in Unternehmen, Verbänden und Institutionen das Bewusstsein für die Situation und Weiterbildungsbedarfe von geringer qualifizierten Mitarbeitern zu schärfen und „Grundbildung als notwendiges Element betrieblicher Personalentwicklung" durch die Entwicklung von Weiterbildungsmaßnahmen auch für Personalverantwortliche und Multiplikatoren zu unterstützen und voranzutreiben.

Als übergeordnetes Ziel des Vorhabens war es – auf der Basis der Projekterfahrungen – möglich, wissenschaftlich fundierte Empfehlungen für die betriebliche und gewerkschaftliche Bildungsarbeit zu erarbeiten, deren Umsetzung zu einer Win-win-Situation für Arbeitnehmer und Arbeitgeber führt.

2.3 DIESER LEITFADEN

Als eines der Produkte des Projekts GRAWiRA erscheint der vorliegende Leitfaden. Er basiert auf den im Laufe des Projekts gemachten Erfahrungen und verfolgt das Ziel, die Verankerung des Themas Grundbildung im Rahmen betrieblicher Personalentwicklung voranzubringen.

Das Buch unternimmt den bisher nicht selbstverständlichen Versuch, externen Dienstleistern – wie Unternehmensberatern, externen Personalentwicklern und Bildungsanbietern – Argumente und Ansätze an die Hand zu geben, die geeignet sind, Unternehmen für Grundbildungsbedarfe ihrer Mitarbeiter zu sensibilisieren und den Nutzen von Grundbildungsangeboten zu erkennen.
Dabei kann der Leitfaden auch für Personalverantwortliche in Unternehmen relevant sein, die erkannt haben, dass es für den Unternehmenserfolg wichtig und zunehmend notwendig ist, auch „geringer qualifizierte Mitarbeiter" zu lebensbegleitendem Lernen zu motivieren.

Als **Praxisleitfaden** geht es weniger um eine wissenschaftliche Erörterung des Themas Grundbildung; stattdessen werden methodische Ansätze, Materialien und Produkte zur Verfügung gestellt, die die Umsetzung und Etablierung von Grundbildung als Element betrieblicher Personalentwicklung erleichtern sollen.

Der Leitfaden ist das Ergebnis einer intensiven Zusammenarbeit von Personalverantwortlichen verschiedener Unternehmen unterschiedlicher Branchen, die geringer qualifizierte Mitarbeiter/-innen beschäftigen, Vertretern der Handwerkskammer Hamburg, der Weiterbildungszentrale des deutschen Gewerkschaftsbundes in Hamburg, des Amtes für Wirtschaftsförderung eines Hamburger Bezirkes, verschiedener Beschäftigungsträger und Weiterbildungseinrichtungen, leitenden Mitarbeitern des Grundbildungszentrums der Hamburger Volkshochschule, der Forschergruppe der Goethe-Universität Frankfurt/Main und – last, not least – Vertretern der betroffenen Zielgruppe.

Der Leitfaden ist in die folgenden zwei Teile gegliedert:

Teil I des Leitfadens beschreibt, welche Grundbildungskompetenzen und Qualifikationen im untersten Segment des Arbeitsmarktes erforderlich sind und definiert die Zielgruppe „geringer qualifizierte Mitarbeiter" (GQM)

Teil II zeigt exemplarische Wege auf, wie Grundbildung mithilfe einer externen Beratung in Unternehmen verankert werden kann. Diese werden anhand von vier Phasen nachgezeichnet:

- Vorüberlegungen und Vorarbeiten des externen Dienstleisters
- Unternehmensgewinnung (Akquise)
- Vorhabenbeginn
- Evaluation und Anschlussperspektive/n

Der **Anhang** enthält eine Reihe von Produkten, die gemeinsam von Experten aus Wirtschaft, Wissenschaft, Erwachsenenbildung, Gewerkschaft, Handwerkskammer, Beschäftigungsträgern und Teilnehmenden aus Grundbildungskursen erarbeitet und erprobt wurden. Die Produkte sollen und können die Etablierung von „Grundbildung als Element betrieblicher Personalentwicklung" unterstützen und die Umsetzung nachholender und berufsrelevanter Grundbildung durch betriebliche Angebote erleichtern.

TEIL I
GRUNDBILDUNG ALS ELEMENT BETRIEBLICHER PERSONALENTWICKLUNG

GRUNDBILDUNG ALS ELEMENT BETRIEBLICHER PERSONALENTWICKLUNG

3.1 HERAUSFORDERUNGEN DER ARBEITSWELT

Die aktuelle Diskussion zu wirtschafts-, bildungs- und arbeitsmarktpolitischen Fragen wird stark geprägt von Themen der Globalisierung und ihren Folgen, der demografischen Entwicklung und ihren Auswirkungen, dem Wandel zur Wissens- und Dienstleistungsgesellschaft, dem drohenden Fachkräftemangel, längerer Lebensarbeitszeit. Damit verbunden werden Forderungen nach lebenslangem und lebensbegleitendem Lernen eines jeden und der Aufruf an Bildungsinstitutionen, die Entwicklung der zur Bewältigung dieser Herausforderung erforderlichen Kompetenzen durch geeignete Bildungsangebote zu unterstützen.

Im Mindestlohnsektor wird es nicht zuletzt aufgrund der demografischen Entwicklung zunehmend einen Fachkräftemangel geben. Das bedeutet, dass nach Wegen gesucht werden muss, wie dieser Fachkräftemangel aufgefangen werden kann. Da laut einer Veröffentlichung der Hans-Böckler-Stiftung 2009 (Quelle: OECD 2009) im Jahr 2006 die Arbeitslosenquote bei Geringqualifizierten mit 19.9% mehr als doppelt so hoch lag wie im gesamtdeutschen Durchschnitt (8,5%), ist zu vermuten, dass hier Potenzial brachliegt, das erschlossen werden kann und sollte.

Es dominiert dabei allerdings das Bild einer dynamischen hoch qualifizierten und stets innovativen Gesellschaft, in der die Menschen über komplexe Fähigkeiten verfügen und in der Lage sind, sich selbstständig Wissen anzueignen und dieses sinnvoll einzubringen. Bildungseinrichtungen versuchen, sich diesen Anforderungen zu stellen. Sie entwickeln sich mehr und mehr zu Dienstleistern, deren Fokus nicht mehr nur allein auf das Erreichen einer abschlussorientierten Qualifizierung gerichtet ist, sondern stärker auch auf das Entwickeln entsprechender Schlüsselkompetenzen[2].

---

[2] Identisch mit dem von GRAWiRA benutzten Begriffen Grundbildungskompetenzen/ Grundqualifikationen, s. Mindmap und Erläuterungen, S. 25–28

Laut OECD[3] zeichnen sich Schlüsselkompetenzen durch folgende Merkmale aus:

– Sie tragen zu wertvollen Ergebnissen für die Gesellschaft und die Menschen bei,
– sie helfen den Menschen dabei, wichtige Anforderungen unter verschiedenen Rahmenbedingungen zu erfüllen, und
– sie sind nicht nur für Spezialisten, sondern für alle wichtig
   (vgl. OECD 2005, S. 11).

> Die Europäische Kommission (2006) definiert Kompetenz als „eine Kombination aus Wissen, Fähigkeiten und Einstellungen, die an das jeweilige Umfeld angepasst sind. Schlüsselkompetenzen sind diejenigen Kompetenzen, die alle Menschen für ihre persönliche Entfaltung, soziale Integration, Bürgersinn und Beschäftigung benötigen".

„Einfache Arbeit" an der Schnittstelle zur Facharbeit spielt bisher in der berufspädagogischen Diskussion eine kaum wahrnehmbare Rolle. Die Reduzierung sogenannter einfacher Arbeitsplätze seit den 1970er Jahren führte scheinbar zu dem Schluss, dass diese Tätigkeiten nach und nach verschwinden werden und damit auch die für sie geforderten Qualifikationen keine Rolle mehr spielen. Der Trend zur Höherqualifizierung von Erwerbspersonen führte zur Ausblendung von Beschäftigungsfeldern unterhalb der Facharbeiterebene.

Insbesondere in Branchen wie Reinigungsgewerbe, Sicherheitsdienste, Landwirtschaft und in der Logistik sind sogenannte „einfache Tätigkeiten" jedoch nach wie vor zahlreich anzutreffen. Für Menschen mit Defiziten in der Grundbildung können gerade solche einfachen Tätigkeiten eine berufliche Perspektive bieten, mit all ihren bekannten positiven Auswirkungen hinsichtlich gesellschaftlicher Integration und Persönlichkeitsentfaltung.

[3] OECD = Organisation for Economic Co-operation and Development

> *i*
>
> Zu den Tätigkeiten, die von Menschen mit geringer Grundbildung in den unterschiedlichsten Unternehmen und Bereichen ausgeführt werden, gehören u.a.: Industriemechaniker, Fertigungsmechaniker, Helfer, Fachhelfer, Gebäudereiniger, Azubi Landwirt, Grünanlagenpflege, Agrotechniker, Tiefbauhelfer, Hilfsarbeiter auf dem Bau, Modellbau, Reparatur, Handlanger, Tierpflege, Aufbauarbeiten, Tresenarbeit, Aufräumarbeiten, Drucken, Schneiden, Nacharbeiten, Gärtner, Reinigung, Landschaftsgestalter, Wachdienst, Auslieferungsfahrer, Sammlung, Lader, Inventarisierung, Beifahrer, Lagerarbeiten, Packarbeiten, Packen von Betriebsmitteln, Sammeln, Warenannahme und -ausgabe, Reinigung, Hauswirtschaft, Hausmeisterdienste, Erntehelfer, gastronomischer Bereich, Naturschutz.

Neue Studien zeigen, dass es auch bei diesen „einfachen" Tätigkeiten keinesfalls mehr ausreicht, einmalig angelernt zu werden, da schon jetzt nach Angaben von Geschäftsführern, Betriebsräten und gewerblichen Mitarbeitern die Arbeits- und Qualitätsanforderungen auch an die in einfachen Tätigkeiten Beschäftigten immer mehr ansteigen. Mehr denn je und schneller als jemals zuvor sind heute rasante Wissens- und Könnensanpassungen in den Bereichen Produkte, Werkstoffe, Verfahren, Systeme, Infrastrukturen, Organisation erforderlich. Durch die Globalisierung stellen sich veränderte Anforderungen an neue Märkte, neue Standorte, Logistik, interkulturelle Anforderungen und Flexibilität. Hinzu kommt, dass – obwohl die Anforderungen in den Basiskompetenzen (Lesen, Schreiben, Rechnen) teilweise relativ gering sind – in manchen Tätigkeiten Spezialwissen (z.B. chemisches) verlangt wird.
Dies alles hat zur Folge, dass auch bereits erworbene Kompetenzen von Mitarbeitern im Niedriglohnsektor ständig aktualisiert, weiter entfaltet und durch neu angeeignete Fertigkeiten und Kompetenzen ergänzt werden müssen. Das „Lernen-lernen"-Können bzw. die Lernkompetenz werden somit auch für die Zielgruppe der geringer qualifizierten Mitarbeiter immer wichtiger. Die folgenden Beispiele wurden hierfür im Rahmen des GRAWiRA-Projekts von Kooperationspartnern genannt:

– Um preislich wettbewerbsfähig zu bleiben, müssen im Niedriglohnsektor die Personalkosten und damit der Personalstand so niedrig wie möglich gehalten werden. Das wiederum hat zur Folge, dass Mitarbeiter „schnell mal" an anderer Stelle einspringen müssen und mehr Arbeiten auf das vorhandene Personal verteilt wird: Der Müllwerker muss heutzutage Auffälligkeiten und Besonderheiten in einer Straße schriftlich melden, wo früher ein Revierleiter regelmäßig kontrollierte.

- Die Arbeitszettel sollen bereits vom Hausmeistergehilfen möglichst elektronisch ausgefüllt werden, damit sie nicht erst im Büro durch eine Schreibkraft ins EDV-System übertragen werden müssen.
- Um Strom zu sparen, möchten **Auftrag**geber immer häufiger, dass am Tag gereinigt wird. Damit steht das eingesetzte Reinigungspersonal viel häufiger unter Beobachtung und wird gern mal mit Extrawünschen beauftragt. Diese unter Hinweis auf den Arbeitsplan abzuwehren oder die aufzuwendende Zeit durch Weglassen einer anderen Arbeit einzusparen – dafür fehlen Mut und Sprach- bzw. Kommunikationskompetenz.
- Auch möchten **Auftrag**geber, dass möglichst immer dieselben Personen in „ihrem Haus" arbeiten und sich diese, da sie am Tag Mitarbeitern und Kunden begegnen, insgesamt angemessen verhalten und wissen, wie das Inventar und Böden durch angemessenen Einsatz der Reinigungsmittel schonend gepflegt werden.
- **Auftrag**geber möchten auch, dass Wünsche z.B. hinsichtlich des aktuellen Reinigungsbedarfes schriftlich hinterlegt werden können,
- die Arbeitsabläufe des Reinigungspersonals sich dem Ablauf im Hause anpassen (d.h., dass der Konferenzraum u.U. heute nicht als erstes, sondern zuletzt gereinigt wird, weil eine Konferenz stattfindet).

Der **Arbeit**geber möchte, dass
- Umweltschutzbestimmungen eingehalten werden und z.B. chemische Reinigungsmittel aus ökonomischen und ökologischen Gründen umwelt-, finanz- und materialschonend eingesetzt werden,
- die Unterschrift unter der Bestätigung der Teilnahme an einer Sicherheitsschulung Garant dafür ist, dass der Arbeitnehmer tatsächlich weiß, wie er z.B. die Geräte auf dem Lastwagen sichern muss, dass er ausrechnen kann, ob das zulässige Gesamtgewicht nicht überschritten ist,
- er richtig reagiert, wenn er „draußen" z.B. als „Putze" oder „Entmister" „angemacht" wird oder von Kunden um sachliche fachliche Auskunft zum Gewerbe gebeten wird,
- die Teams trotz interkultureller Zusammensetzung sich gegenseitig tolerieren und unterstützen,
- Kollegen Unsicherheiten lieber aussprechen und fragen und somit Fehler verhindert werden.

3.2 ERFORDERLICHE KOMPETENZEN IN EINFACHEN TÄTIGKEITEN

Im Rahmen des Projekts GRAWiRA wurde der Versuch unternommen, die unterschiedlichen Kompetenzprofile von Arbeitsplätzen mit einem einfachen Anspruchsniveau zu untersuchen, u.a. Tätigkeiten im Bereich von Lager und Logistik, im Garten- und Landschaftsbau, im Gebäudeservice, bei Autovermietungen sowie in der Zeitarbeit. Ziel dieser Betriebserhebungen war die Beschreibung der konkreten Inhalte und Kompetenzanforderungen in den jeweiligen Branchen bzw. an den einzelnen Arbeitsplätzen. Die Erhebungen fokussierten einerseits auf die sogenannten **„Basiskompetenzen"**, also die grundlegenden Kompetenzen im Lesen, Schreiben, Rechnen und am Display. Gleichzeitig wurde auch auf die erforderlichen **„Soft Skills"** geachtet, also z.B. der Umgang mit Stress oder die Anforderung, selbstständig zu arbeiten. Bezogen auf die Kompetenzbereiche lassen sich einige allgemeine Aussagen zu den Anforderungen in Einfachtätigkeiten zusammenfassen.

Sicherlich nicht überraschend ist der Befund, dass die Anforderungen an Basiskompetenzen in den diversen Branchen, Arbeitsplätzen und Tätigkeiten sehr unterschiedlich sind, wie an dem Beispiel Schriftsprachlichkeit deutlich wird (s. Kasten).

ARBEITSPLÄTZE OHNE JEGLICHE ANFORDERUNGEN AN SCHRIFTSPRACHLICHKEIT:

Der Arbeitsablauf vollzieht sich überwiegend schriftarm und sprachlos. In solchen Tätigkeiten reduziert sich in einer Achtstundenschicht der Gebrauch von Schriftsprache auf allenfalls wenige Minuten. Beispiele für „stumme Arbeitsplätze" sind: Einfachsttätigkeiten in der Logistik, im Obst- und Gemüseanbau, in Reinigungsfirmen, in der Gastronomie („Tellerwäscher") sowie am Fließband, zum Beispiel in der Bekleidungsindustrie.

ARBEITSPLÄTZE MIT EINSEITIGEN ANFORDERUNGEN AN SCHRIFTSPRACHLICHKEIT:

Der Arbeitsablauf in solchen Jobs beansprucht nur einen Kommunikationsbereich. In manchen Tätigkeiten wird zum Beispiel nur das Hörverstehen gefordert, wenn Arbeitsaufträge und Anweisungen entgegenzunehmen sind. In anderen Bereichen sind es nur die Lesekompetenzen, die beispielsweise benötigt werden, um Displays an Maschinen zu verstehen, oder wenn schriftsprachlich verfasste Vorlagen (z.B. Packlisten) bearbeitet werden müssen. In anderen Arbeitsplätzen ist das Sprech- und Ausdrucksvermögen gefragt, beispielsweise in Jobs mit intensiven Kundenkontakten.

EINFACHARBEITSPLÄTZE MIT KOMPLEXEN ANFORDERUNGEN AN SCHRIFTSPRACHLICHKEIT:

An der Kasse, im Catering, einfache Pflegetätigkeiten, Fahrdienste, anspruchsvollere Jobs in der Logistik. Hier werden teilweise differenzierte Sprach-, Lese- und Rechenkompetenzen sowie erhebliche fachsprachliche Kenntnisse gefordert. All dies wird in einer Achtstundenschicht permanent beansprucht und muss auch in stressigen Situationen fehlerfrei „abrufbar" sein.

Ein zweites Ergebnisbündel aus den Betriebserhebungen bezieht sich auf gleichsam querliegende Aspekte, die in der Forschung, aber auch in der pädagogischen Praxis gerne übergangen werden: Schwierigkeiten bereiten den Betroffenen oftmals nicht so sehr die kognitiven Anforderungen, sondern die **Arbeitsbedingungen**: Fehlerfreies Rechnen unter Stress, korrektes Schreiben in der Nachtschicht, Lesen unter Zeitdruck sind Anforderungen, auf die die Beschäftigten häufig nicht vorbereitet wurden. Brauchen sie zu lange oder machen sie zu viele Fehler, laufen sie Gefahr, den Job zu verlieren – dies verstärkt noch den Leistungsdruck. In den meisten Einfachtätigkeiten sind die Beschäftigten zudem ausschließlich auf sich selbst gestellt: Teamarbeit gibt es kaum, vielmehr müssen sie es alleine „packen". Nur selten sind die Tätigkeiten arbeitsteilig angelegt, sodass durch Kooperation Fehler ausgeglichen werden könnten.

Wie die Gesellschaft insgesamt, so ist auch die Arbeitswelt **mehrsprachig** geworden. Selbst wenn man sich nicht explizit auf Beschäftigte mit einem Migrationshintergrund bezieht, also auf Personal, das nicht unbedingt über Deutschkenntnisse verfügt, kommt man am Thema Mehrsprachigkeit in der Arbeitswelt nicht vorbei. Das liegt in manchen Betrieben an der Zusammensetzung der Belegschaft (die mal einsprachig Deutsch, mal einsprachig Türkisch, aber auch hin und wieder zweisprachig oder mehrsprachig zusammengesetzt sein kann). Es hat aber auch mit der Europäisierung der Arbeitswelt zu tun: Die Tätigkeit des Fernfahrers ist ein typisches Beispiel für einen „mehrsprachigen" Arbeitsplatz; auch Haushaltshilfen aus Osteuropa müssen aufgrund des Einsatzes in verschiedenen Ländern über vielfältige Sprachkompetenzen verfügen. Immer mehr international gebrauchtes und benutztes Fachvokabular, z.B. im EDV-Bereich, stammt aus dem Englischen.

> **„BERUFLICHE WEITERBILDUNG SICHERT ARBEITSPLÄTZE**
>
> Wirtschaft und Arbeitswelt ändern sich rasch. Das Wissen und Können, das wir in der Schule, in der Berufsausbildung oder während des Studiums erworben haben, reicht deshalb längst nicht mehr aus, um in der Arbeitswelt dauerhaft bestehen zu können. Dies ist eine Herausforderung für alle, denn wer sicher sein will, dass er den Anforderungen am Arbeitsplatz auf Dauer genügt, muss ständig weiterlernen. Und auch der Staat ist gefordert, die Bürgerinnen und Bürger dabei zu unterstützen"(www.bmbf.de/pub/berufliche-weiterbildung-flyer.pdf).

Zwar stellen sich die erforderlichen Grundbildungskompetenzen in unterschiedlichen Wirtschaftszweigen, in denen Arbeitsplätze für Geringqualifizierte existieren, unterschiedlich dar. GRAWiRA hat jedoch auf der Basis der untersuchten Tätigkeitsprofile ein Kompetenzkonzept entwickelt, in das die übliche Unterscheidung von Sach-, Selbst- und Sozialkompetenz eingeflossen ist.

Die Mindmap „f i t" gibt eine Übersicht über das GRAWiRA-Kompetenzkonzept und die darin definierten Bereiche der Grundbildungskompetenzen/Grundqualifikationen.

Bei der Gewinnung von Unternehmen als Kooperationspartner hat sich der Begriff „Grundqualifikationen" als Türöffner erwiesen. Offensichtlich erschließt er sich leichter als der Begriff „Grundbildungskompetenzen".
Die sich auf Seite 27 und 28 anschließende Tabelle stellt beispielhaft mit den Oberbegriffen verbundene Inhalte dar.

Das Kompetenzprofil „f i t" = Akronym für fähig, intelligent, tüchtig

Das Kürzel „f i t" steht hier nicht für fördern, integrieren, teilhaben, sondern für fähig, intelligent, tüchtig. Es kennzeichnet nicht das Bild eines Menschen mit Defiziten, sondern der Lerner wird als jemand gesehen, der sein Leben trotz unzureichender Grundbildungskompetenzen bis dato gemeistert hat, der in der Regel ein gern gesehener Mitarbeiter des Unternehmens ist und der sich erfreulicherweise selbst unter erschwerten Bedingungen (nach der Arbeit) aufmacht, negative Lernerfahrungen durch positive zu ersetzen und zu entdecken, dass Lernen auch (wieder) Spaß machen kann und Kompetenzzuwachs Angst vor der Zukunft nimmt, der sich in das lebensbegleitende Lernen einreiht und damit signalisiert, dass er nicht nur seine Zukunft sichern will, sondern auch die Zukunftsfähigkeit seines Unternehmens mit unterstützt.

Die Erläuterung des pädagogischen Ansatzes hinter den Grundbildungsangeboten, der sich aus diesem Menschenbild ableitet, ist ebenfalls von großer Bedeutung, um auch dem nicht pädagogischen Fachmann zu verdeutlichen, warum „es" auf einmal klappen könnte, vielleicht sogar Spaß macht und den nachträglichen Erwerb berufsrelevanter Grundbildungskompetenzen erleichtert:

Große Angebotspalette
– Das heißt keine ausschließliche Konzentration auf Lese-/Schreib-/Rechenkurse, es kann z.B. auch ein Englischkurs oder ein PC-Kurs oder ein „Hamburg kennen-lernen für wenig Geld"-Kurs oder ein „Kreatives Schreiben"-Kurs sein.

Lebensweltbezug
– Der Lebensweltbezug der Teilnehmenden (TN) ist im Blick, das heißt, das zu Lernende wird nicht isoliert bearbeitet, sondern in reale, den TN interessierende oder tangierende Situationen eingebettet.

Informell Gelerntes
– Informell Gelerntes ist dem TN oft nicht als Wissen oder Können oder Gelerntes bewusst und steht ihm damit nicht als „Tool" zur Verfügung. Es wird im Kurs durch Fragen und im Austausch mit den anderen Kursteilnehmenden bewusst gemacht, wertgeschätzt und genutzt.

Lernen am „anderen Ort"
– Lernen am anderen Ort wird bewusst inszeniert, damit den TN klar wird, dass es nicht nur der Kurs im Klassenraum ist, bei dem sie ihre Grundbildungskompetenzen verbessern, dass sie überall lernen können, z.B. Piktogramme im Kaufhaus, Fahrgastinformationen, Richtungsanzeiger, Reklame, unterwegs Notizen machen, Leute nach dem Weg fragen …

Lernen am „anderen Gegenstand"
– Zum Beispiel werden auch Gesundheitskurse und PC-Kurse zur Verbesserung der Lese-/Schreibkompetenz „en passant" genutzt. Überhaupt sind alle Arbeiten am PC – insbesondere auf der Textverarbeitungsebene – auch mit Lesen oder Schreiben, Verstehen oder Formulieren und Umsetzung verbunden, deshalb geschieht hier „Lernen am anderen Gegenstand". Da der PC auch Rechtschreibfehler optisch zurückmeldet, wird die Aufmerksamkeit geschult, die richtige Schreibweise ggf. durch Trial and Error herausgefunden. Die „Rechtschreibkritik" des PC ist neutral und ohne Wertung in Aussage und Tonfall.

Was hat Ihnen gefallen?
Schreibprogramm

Was können Sie jetzt besser als vorher?
Besser schreiben

Auch die Anfangsbefragung der Teilnehmenden zu ihren Lernzielen und die Endbefragung bezüglich des Kompetenzzuwachses (s. Evaluation, S. 134-136, Teilnehmerevaluation A, TN-Evaluation B Endbefragung, TN-Evaluation C Auswertung) sind ein wesentlicher Teil dieses Konzeptes.

„Es" zu können verändert etwas beim Teilnehmer:

„Am Anfang hatte ich Angst, dass ich alles nicht verstehe – jetzt ist alles normal, Angst vorbei."

„Ich wollte mich verändern – kann ich lernen, wie komme ich mit den Leuten zurecht? Freiwillig – hat mich offen gemacht."

Durch f i t wird deutlich, dass die früher übliche ausschließliche Konzentration auf Lesen, Schreiben, Rechnen im Bereich Grundbildung heutzutage zu kurz greift. Wie in der Tabelle dargestellt, umfasst es inzwischen auch jene Bereiche, die heute ebenfalls als „Kulturtechniken" gelten, dem gesellschaftlichen und ökonomischen Wandel Rechnung tragen und als Grundbedingung zu gleichberechtigter Teilhabe am Leben in dieser Gesellschaft verstanden werden.

Lernen lernen	z.B. die eigenen Lernstrategien entdecken, entwickeln und trainieren; Fähigkeit, einen Lernprozess zu beginnen und weiterzuführen, Bewusstsein für eigenen Lernprozess und eigene Lernbedürfnisse entwickeln
Deutsch	z.B. Rechtschreibung, Lesen und Schreiben, Wortschatzerweiterung, Verstehen des Gelesenen, Wiedergabe des Inhalts, Vorlesen, freies Schreiben, interaktive Anwendung von Sprache, Symbolen und Texten
Rechnen	z.B. Grundrechenarten, Rechnen am Arbeitsplatz, logisches, räumliches und mathematisches Denken, um Probleme in Alltagssituationen und am Arbeitsplatz zu lösen
Englisch	z.B. Grundlagen für den Alltag, richtige Aussprache, Patterns, Fachbegriffe, Anglizismen

»

PC-Grundlagen	z.B. Textverarbeitung, Internet, E-Mail, Lernspiele, Lernportal www.ich-will-lernen.de
Handlungsfähigkeit in Alltag und Gesellschaft	z.B. Fähigkeit, Ideen selbstständig in die Tat umzusetzen, Verteidigung und Wahrnehmung von Rechten und Interessen, Verträge schließen, sich situativ angemessen verhalten und selbstverantwortlich Probleme lösen
Orientierung in der Arbeitswelt	z.B. Lebenslauf und Bewerbung schreiben können, eigene Fähigkeiten und Grenzen kennenlernen, Berufsfelder erkunden, arbeits- und sozialrechtliche Kenntnisse erwerben
Soziale/Personale Kompetenzen	z.B. Team-und Gruppenfähigkeit, soziale Verhaltensweisen (Höflichkeit, Freundlichkeit, Hilfsbereitschaft), Toleranz, Leistungsbereitschaft, Engagement, Anpassungsfähigkeit, Flexibilität, Zuverlässigkeit, Stressbewältigung, Bürgerkompetenz, interkulturelle Sensibilität
Kommunikation und Konfliktfähigkeit	z.B. mündliche Verbalisierungsfähigkeit üben, sichern und erweitern, Kritik annehmen lernen, alltagstaugliche Problemlösungen kennenlernen und anwenden können, angemessener Umgang mit Konflikten

3.3 GERINGER QUALIFIZIERTE MITARBEITER

Niedrig-/Geringqualifizierte/Geringer qualifizierte Mitarbeiter können Defizite in verschiedenen oben genannten Kompetenzbereichen aufweisen und/oder über formale Bildungsabschlüsse auf niedrigem Niveau verfügen.
In Unternehmen führen sie als An- und Ungelernte häufig sogenannte Helfertätigkeiten oder einfache Facharbeit aus. Tätigkeitsniveau und damit auch die Entlohnung sind in der Regel die zentralen Kriterien für die Einstufung als geringer qualifizierte Arbeitnehmer. Es finden sich hier jedoch auch Personen, die trotz höherer bzw. fachfremder Qualifikationen aufgrund individueller Lebenslagen oder Entscheidungen in eben diesen Tätigkeiten verbleiben.
Im Verlauf des Projektes GRAWiRA entschieden sich die Kooperationspartner aus Unternehmen letztendlich dafür, **projektintern** den Begriff **„geringer qualifizierte Mitarbeiter"** zu nutzen. Damit wurden all jene Mitarbeiter benannt, deren

Kompetenzen in den oben genannten Bereichen für eine gleichberechtigte(re) Teilhabe am Leben in dieser Gesellschaft nicht ausreichen und unter Umständen zu gering sind, um den sich wandelnden beruflichen Anforderungen mittel- und/oder langfristig gerecht zu werden. Um niemanden zu diffamieren oder zu brüskieren, wurde bei der Weiterbildungswerbung dann auch gern der Begriff „gewerbliche Mitarbeiter" benutzt.

Die folgenden Umschreibungen verdeutlichen die Bandbreite derer, die mit Grundbildungsangeboten erreicht werden sollen und im Folgenden als Geringqualifizierte oder geringer qualifizierte Mitarbeiter[4] bezeichnet werden:

> Zur Gruppe der geringer qualifizierten Mitarbeiter gehören u.a.: Beschäftigte ohne Berufsabschluss; Beschäftigte mit Berufsausbildung, die aber seit mehr als vier Jahren in einer angelernten Tätigkeit arbeiten; Menschen mit unzureichenden Lese-/Schreib-/Rechen-/Lern-/Kommunikations-/PC-/Englisch-/Orientierungs-/Veränderungskompetenzen; Menschen, die negative Schulerfahrungen haben, ihre Schullaufbahn abgebrochen oder lange nicht gelernt haben, die sich ihrer informell erworbenen Kenntnisse nicht bewusst sind, von sich glauben, dass sie zu dumm zum Lernen sind; Menschen mit geringem Selbstbewusstsein, die sich eine neue Aufgabe nicht zutrauen; Arbeitnehmer, die nie an betriebsinternen Schulungen und Feiern teilnehmen, die Schwierigkeiten haben zuzugeben, dass sie unsicher im Lesen und/oder Schreiben sind, aus Angst, gemobbt zu werden, ihren Arbeitsplatz zu verlieren, die ggf. kündigen, wenn aus organisatorischen Gründen die Versetzung in eine andere Abteilung innerhalb des Unternehmens ansteht, sich immer dann krank melden, wenn sie an einem anderen als dem gewohnten Ort arbeiten sollen.

Die **Gründe für Bildungsbenachteiligung** von geringer qualifizierten Mitarbeitern können sehr unterschiedlich sein (u.a. nicht anerkannte ausländische Bildungsabschlüsse, Migrationshintergründe, prekäre Familien- und Kindheitserfahrungen, Legasthenie). Oftmals haben sie Teile einer Berufsausbildung absolviert, diese jedoch abgebrochen bzw. nicht bestanden. Lerntheoretisch betrachtet, sind hier Personen anzutreffen, die Schwierigkeiten mit dem Lernen in Bildungsinstitutionen bzw. in formalisierten und institutionalisierten Bildungsgängen haben. Diese Schwierigkeiten resultieren aus der wesentlichen Ausrichtung von

---

[4] Der besseren Lesbarkeit halber wird im Text nur die männliche Form verwendet.

Bildungseinrichtungen am kognitiv-rationalen Denken und Handeln.
Erst mit Grundbildungsangeboten erhalten bildungsbenachteiligte erwachsene Lerner die Chance zu entdecken, was sie doch alles können und wissen und gelernt haben. Zusammen in der Gruppe können sie unter Umständen das erste Mal über ihre Probleme, Ängste, negativen Lernerfahrungen sprechen und erleben, dass es anderen Menschen ähnlich gegangen ist. Sie werden gewahr, dass sie nicht Schuld an ihrem Versagen haben und dass sie „nicht zu dumm" sind, doch lernen können. Sie entdecken vorhandene Potenziale und bekommen Lust, diese zu entwickeln.

EIN FALLBEISPIEL
WIE FRAU KLEIN AM RECHNEN SCHEITERT – EIN BEISPIEL VON VIELEN

Frau Klein soll für die gewaschene und gebügelte Wäsche Rechnungen schreiben. Sie setzt sich an den kleinen Schreibtisch in der Wäscherei. Die Preisliste hängt an der Wand.

Die erste Rechnung ist für 2,7 kg Tischwäsche zu schreiben, die gewaschen und gemangelt wurde. Auf dem Paket steht in großer Schrift das Gewicht. Frau Klein schaut in die Preisliste: In den Taschenrechner gibt sie 2,7 mal 2 ein und schreibt auf die Rechnung 5,40 Euro. Ihre Chefin sagt, das sei falsch, sie solle noch einmal nachrechnen. Frau Klein guckt erneut auf die Preisliste und entdeckt, dass sie die falsche Spalte benutzt hat. Sie muss den Komplettpreis nehmen, also 2,50 Euro pro Kilogramm. Die neue Berechnung ergibt 6,75 Euro. Nach einer Rückfrage bei der Chefin schreibt Frau Klein die Rechnung fertig. Die zweite Rechnung muss für drei Oberhemden erstellt werden. Frau Klein schaut in die Preisliste und errechnet mit dem Taschenrechner: 3,60 Euro. Dieses Ergebnis notiert sie auf dem Rechnungsblock. Die Chefin schaut ihr über die Schulter und sagt: „Beachte unser Sonderangebot!" Frau Klein blickt in die Preisliste: „Ach so! Das sind dann 2,99 Euro bei drei Hemden!" Dann fragt sie die Chefin: „Sind das jetzt 3 mal 2,99 Euro?" Die Chefin sagt ärgerlich: „Das ist doch viel zu teuer! Das bezahlt der Kunde nur einmal, dann siehst du den nie wieder!" Mit rotem Kopf notiert Frau Klein auf dem Rechnungsblock 2,99 Euro für die drei Hemden.

Rechnungen schreiben – das ist für im Schreiben und Rechnen unsichere Menschen eine Situation, die sie auf verschiedenen Ebenen sehr fordert.

– Es müssen verschiedene **Größen** erkannt werden: Gewicht (kg), Menge (Stück), Preis (Euro) und Flächen („Handtücher jeder Größe"). Außerdem müssen die Größen zueinander in Beziehung gesetzt werden. Unnötig – weil verwirrend – ist es, mal das Wort „pro" und mal den Begriff „per" zu verwenden.

– Für unterschiedliche Leistungen (waschen, bügeln) müssen verschiedene **Preisgruppen** auseinandergehalten werden. Aber nicht für alle Wäschestücke gibt es drei Preisgruppen!

– Es müssen verschiedene **Relationen** (Größenbeziehungen) erkannt und jeweils die passenden Berechnungsweisen gewählt werden.

An diesem Fallbeispiel wird die Komplexität selbst scheinbar einfacher Aufgaben deutlich. Es wird auch deutlich, an welcher Stelle der Rechnungsstellung und warum Frau Klein scheitert.
Auch ist nachvollziehbar, dass sich die Chefin in der beschriebenen Situation ärgert. Dennoch ist es für die Betroffenen wenig hilfreich, wenn auf Fehler mit einer ironischen Bemerkung reagiert wird, denn so bleibt die Situation undurchsichtig. Daraus können wiederum **Lernblockaden** entstehen.
Was hier mit der Preisliste schiefging, geht auch an anderen Stellen schief und könnte sich zu einem wichtigen Arbeitsfeld für Grundbildungsexperten entwickeln, für das ein Unternehmen gewonnen werden sollte. Denn hier geht es beispielsweise darum zu gucken,

– durch welche Formulierungen und bildlichen Darstellungen die Uneindeutigkeit von Preislisten und Arbeitsanweisungen aufgehoben werden kann,

– wie Regeln, Verhaltensmaßnahmen bei Gefahr, Sicherheitshinweise, „Toolkits" für Möbelmonteure so formuliert werden können, dass sie eindeutig/er und verständlich/er sind, und

– wie z.B. Sicherheitsschulungen für gewerbliche Mitarbeiter durch pädagogische Aufbereitung so verbessert werden können, dass sie nicht über die Köpfe gewerblicher Mitarbeiter hinweggehen.

TEIL II
DER WEG IN DEN BETRIEB

DER WEG IN DEN BETRIEB

4. DER AKTUELLE STELLENWERT VON GRUNDBILDUNG IN UNTERNEHMEN – ODER: WARUM EIN LEITFADEN?

Arbeitsbegleitende und kontinuierliche Fortbildung sind insbesondere in kleinst-, klein- und mittelständischen Betrieben selten gegeben. Den Beschäftigten fehlen Zeit, Geld, nicht zuletzt die Kraft zur individuellen Weiterbildung und die Erfahrung, dass „sich aufraffen" lohnt.
Und trotz der in Teil I dargestellten Relevanz und auch Brisanz des Themas ist Grundbildung für Geringqualifizierte bislang selbst in größeren Unternehmen kaum ein fester Bestandteil betrieblicher Personalentwicklung. Ein unmittelbarer Nachteil durch die fehlende Einbeziehung der Personengruppe Geringqualifizierte in die Personalentwicklung wird erst von wenigen Unternehmen wahrgenommen und daher noch seltener thematisiert, obwohl die im Bereich der „einfachen Tätigkeiten" (noch) vorhandenen Arbeitsplätze zunehmend mit höheren Anforderungen konfrontiert sind: Wollen Unternehmen mit Sparten im Niedriglohnsektor mittel- und langfristig ihren Bedarf an Mitarbeitern decken, werden sie immer stärker darauf angewiesen sein, auch geringer qualifizierte Menschen (weiter oder neu) zu beschäftigen und zu fördern.

Cord Wöhlke: Wer nach der Schule Defizite hat, muss gefördert werden. Dazu gehört, dass auch derjenige, der nicht richtig lesen und schreiben kann, erst mal eingestellt werden muss. Nur dann hat die- oder derjenige die Motivation, sich durch Bildung weiterzuentwickeln. Ein Arbeitsplatz ist die wichtigste Motivation. Arbeitslose ohne ein Ziel zu schulen ist erfahrungsgemäß wenig erfolgreich. Ich denke, die Mehrzahl der Firmen wird für diesen Schritt Hilfe vom Staat benötigen.

Dass in Deutschland mit rund zwanzig Prozent die Arbeitslosenquote von Geringqualifizierten mehr als viermal so hoch ist wie in den Niederlanden, mehr als dreimal so hoch wie in Großbritannien und mehr als doppelt so hoch wie in den USA, macht deutlich, dass hier Potenzial brachliegt.
Bisher werden die möglichen Vorteile, die für Unternehmen mit einer konsequenteren Hinwendung zum Thema Grundbildung verbunden wären, weitgehend

unterschätzt. Dabei profitieren Arbeitnehmer und Arbeitgeber in gleichem Maße davon: Flexiblere Einsatzfähigkeit, verbesserte Leistung, weniger Klagen von Auftraggebern, die Steigerung der Leistungsfähigkeit und ein Zugewinn an Sicherheit und Selbstvertrauen stellen sicher, dass sich die Beschäftigten auch immer größer werdenden Herausforderungen am Arbeitsplatz und einem immer komplexer werdenden Arbeitsmarkt stellen und sich darin behaupten können.
Die Bindung an das Unternehmen nimmt zu, Fluktuation wird reduziert. Gleichzeitig können Unternehmen ihrer sozialen Verantwortung gerecht werden.

Das Wissen über das Thema, die damit verbundene Problematik und Herausforderung an Mitarbeiter und Unternehmen/Betriebe[5] sowie mögliche Lösungen gehören bisher nicht zum selbstverständlichen Bestandteil der Ausbildung bzw. zum Kompetenzrepertoire von Betriebswirten, Geschäftsführern, Personalentwicklern und Betriebsräten. Von geringer qualifizierten Mitarbeitern wiederum werden Forderungen nach Weiterbildung kaum gestellt, es fehlen Wünsche und konkrete Ideen. Auch den betrieblich Verantwortlichen ist nicht klar, welche Angebote für Mitarbeiter der Zielgruppe sinnvoll und nutzbringend für beide Seiten – Mitarbeiter und Unternehmen – sein könnten.
Vielen Unternehmen ist nicht bekannt, dass es Grundbildung als bedeutsamen Bereich der Erwachsenen- und Weiterbildung gibt und welche berufsrelevanten Ziele verfolgt bzw. erreicht werden. Sie wissen nicht, dass Grundbildung die adäquate Form der Weiterbildung für geringer qualifizierte Mitarbeiter ist, die sich in der Formel **„Grundbildungsangebote = berufsrelevante Weiterbildung für Geringqualifizierte"** zusammenfassen lässt.
In dieser Formel liegt zugleich die Aufforderung an die Politik, die Berufsrelevanz von Grundbildungsangeboten anzuerkennen und auch Grundbildung für Erwachsene finanziell zu unterstützen.

---

[5] Im Folgenden wird der besseren Lesbarkeit halber nur noch von Unternehmen gesprochen.

> **GRAWiRA:**
> „Was braucht es, um die Herausforderungen zu bewältigen?"
>
> **Geschäftsführer B. Lammers, Grewe Grünflächen Service, Hamburg:**
> „Dass Grundbildung für gering qualifizierte Erwachsene vom Arbeitsamt als berufsrelevant anerkannt wird und man sich nicht damit zufriedengibt, jedem gering qualifizierten Langzeitarbeitslosen ein Bewerbungstraining oder einen Gabelstaplerschein machen zu lassen."

Natürlich nehmen Vorgesetzte und Personalentwickler häufiger einen Grundbildungsbedarf bei einzelnen Mitarbeitern wahr, aber es gibt generell Unsicherheiten, wie mit dem Thema umzugehen, die Zielgruppe anzusprechen und zu erreichen ist. Für die nachträgliche, systematische und umsetzungsorientierte Auseinandersetzung mit dem Thema fehlt es außerdem gerade kleinen und mittleren Unternehmen in der Regel an ausreichender Personalressource.
Und – last, not least – es bedarf interner und externer Experten, die sich dem Thema verpflichtet fühlen, die autorisiert sind und Unternehmen beim Finden des „richtigen" Weges und der Verwirklichung von Grundbildungsangeboten für geringer qualifizierte Mitarbeiter unterstützen (können).

Umso glücklicher ist es, dass das vom Bundesministerium für Bildung und Forschung (BMBF) finanzierte Projekt GRAWiRA es ermöglichte, in Kooperation mit Unternehmensvertretern, Personalentwicklern, Wissenschaftlern, Personaldienstleistern, Mitarbeitern der Wirtschaftsförderung, Grundbildungsexperten, Teilnehmenden aus Grundbildungskursen, gewerblichen Mitarbeitern, Betriebsräten, Teamleitern, Objektleitern und auszubildenden Betriebswirten der Handwerkskammer Modelle aus der Praxis für die Praxis zu erarbeiten und Wege zu erproben, die sich als Prototypen exemplarisch für die erfolgreiche Umsetzung erwiesen haben.

Im Kapitel 4 werden vier exemplarische Phasen dieses Prozesses beschrieben:
- Vorüberlegungen und Vorarbeiten eines externen Beraters/Dienstleisters
- Unternehmesakquise - Umsetzung des Vorhabens - Evaluation und Anschlussperspektiven.

Das Kapitel 4 versteht sich somit – im Sinne von „How to do it?" – als Leitfaden, der es Dritten/Externen ermöglicht, Unternehmen von der Sinnhaftigkeit der Etablierung von „Grundbildung als Element betrieblicher Personalentwicklung" zu überzeugen, erprobte Wege und Produkte vorzuschlagen, ggf. zu modifizieren

und zu nutzen, um so die Umsetzung nachholender und berufsrelevanter Grundbildung durch betriebliche Angebote zielgruppenadäquat zu verwirklichen.
Die Beschreibung konkreter Erfahrungen in der Kooperation mit verschiedenen Unternehmen auf dem Weg zum Mitarbeiter macht darüber hinaus deutlich, welche Klippen ggf. zu umschiffen sind, dass der Weg u. U. lang ist und dass es nicht *den* einen Weg gibt. Denn selbst wenn ein Unternehmen die Bedeutung des Themas erkannt hat und Grundbildung zum Element betrieblicher Personalentwicklung machen will, erfordern seine spezifischen Strukturen und Interessenlagen die Entwicklung angepasster Ansätze und Vorgehensweisen zur Erreichung der Zielgruppe.
Die in den Ausführungen beschriebenen oder im Anhang beigefügten Produkte sind darüber hinaus als konkrete Materialien nutzbar.

4.1 PHASE 1: VORÜBERLEGUNGEN – VORARBEITEN ALS EXTERNER BERATER/DIENSTLEISTER

Da das Bewusstsein für die Bedeutung von Grundbildungsangeboten für geringer qualifizierte Mitarbeiter in vielen Unternehmen noch nicht vorhanden ist, gehört auch die externe Begleitung bei deren Einführung und Umsetzung bisher kaum zum angebotenen Beratungsportfolio externer Dienstleister. Das Thema „Grundbildung als Element betrieblicher Personalentwicklung" zu verankern ist somit durchaus ein neues Akquisefeld, das es zu erschließen gilt.

Zu möglichen Beratungs- und Unterstützungsleistungen könnten u.a. gehören:

– Klärung der Implementationsbedingungen und Rollenverteilung,

– Planung und Umsetzung von Multiplikatorenfortbildungen, um sicherzustellen, dass das Thema Grundbildung nachhaltig im Unternehmen verankert und vorangetrieben wird,

– Analyse der spezifischen Bedarfe des Unternehmens hinsichtlich der Zielgruppe geringer qualifizierter Mitarbeiter (z.B. Analyse von Arbeitsplätzen der Zielgruppe incl. der für den Arbeitsplatz erforderlichen Kompetenzen sowie die Weiterbildungsbedarfserfassung),

– allgemeine Prozessbegleitung, u.a. die Durchführung und Moderation von Workshops mit gemischten „Hierarchiegremien" des Unternehmens, um betriebsintern möglichst viele Unterstützer für das Vorhaben zu gewinnen und durch die Art der Herangehensweise und Werbung zu verhindern, dass die Wahrnehmung von Grundbildungsangeboten zur Stigmatisierung führt,

– Beratung bei der Planung, Steuerung, Evaluation und Nachevaluation (Konkretisierung unter 4.2.2, Seite 66ff.).

Da Externe/Akquisiteure (Unternehmens-/Bildungsberater) in der Regel keine konkreten Erfahrungen mit den unterschiedlichen Anforderungen, Einstellungen, Problemkreisen, Besonderheiten an/von Arbeitsplätzen der Geringqualifizierten haben, kann die Auseinandersetzung mit bereits vorhandenen Arbeitsplatzanalysen nützlich sein. So wurden im wissenschaftlichen Teilprojekt von GRAWiRA Beobachtungen in einfachen Tätigkeiten durchgeführt, um die konkreten Anforderungen im Rechnen und Lesen, im Kommunizieren und Schreiben zu erheben. Diese für viele Branchen des Niedriglohnsektors gültigen Ergebnisse können als Grundlage für die Durchführung der konkreten Ausgangsanalyse in dem Unternehmen genutzt werden.[6]

Externe/Akquisiteure erhalten damit eine wertvolle Hilfe, um die Situation geringer qualifizierter Arbeitnehmer am Arbeitsplatz erfassen, nachvollziehen und für das Gespräch mit dem Unternehmen nutzen zu können.

Auch das von der Hamburger Volkshochschule im Rahmen des Equal1-Projektes „Entwicklungspartnerschaft Elbinsel" herausgegebene[7] Produkt „Durchblick – Fit fürs Rechnen am Arbeitsplatz" (Arbeitsplatzbezogene Kompetenzentwicklung im Bereich Rechnen) basiert auf der Grundlage von Arbeitsplatzrecherchen an Arbeitsplätzen geringer qualifizierter Arbeitnehmer und kann zur Erfassung ihrer Problemlagen an Arbeitsplätzen genutzt werden.

Die im Portfolio Grundbildungsangebote, Seite 113ff., und im Werbeblatt für einen Kommunikationskurs, Seite 115, dargestellten berufsrelevanten Weiterbildungsangebote basieren auf der Analyse der Forschungsergebnisse und stehen auf solider Basis hinsichtlich ihrer Sinnhaftigkeit und Bedarfsdeckung.

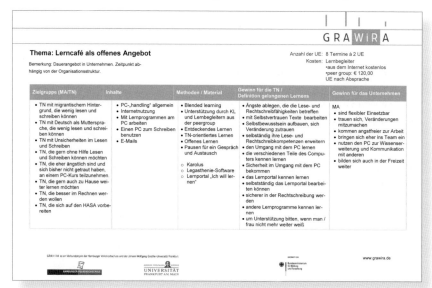

Das Lerncafé-Portfolio verkleinert dargestellt, im Anhang auf Seite 126

---

[6] Vgl. Bindl, Schroeder & Thielen 2010

[7] Eigenverlag Hamburger Volkshochschule, Kontakt: Diana Hehemann, Tel. 040/4288677-15; d.hehemann@vhs-hamburg.de

> Teilnehmende Beobachtung und aktive Mitarbeit durch Interviews mit Arbeitnehmern und Arbeitgebern ermöglich(t)en es, die für die Arbeitssituation erforderlichen Kompetenzen objektiv zu erfassen und zu formulieren und auch einen Blick auf die Anforderungen aufgrund bestimmter Arbeitsbedingungen zu werfen und die damit verbundenen Erschwernisse für den Arbeitnehmer herauszuarbeiten.

Für den Akquisiteur, der nicht aus einer Weiterbildungseinrichtung kommt, ist jedoch anzuraten, für Planung und Durchführung von Grundbildungsangeboten die Zusammenarbeit mit Einrichtungen und Trägern der Erwachsenenbildung mit speziellen Fach-/oder Programmbereichen für benachteiligte Zielgruppen bzw. mit Grundbildungsexperten zu suchen. Diese Kooperation stellt eine gute Möglichkeit dar, „Erfahrung" und „Grundbildungsexpertise" einzukaufen und sie dem Unternehmen zu „verkaufen". Die Qualitätssicherung durch Weiterbildung der Kursleitenden und das Thema „Evaluation" haben bei diesen Trägern einen hohen Stellenwert.

4.1.1 „GUT ZU WISSEN"

Hat sich ein externer Dienstleiter dazu entschlossen, das Thema Grundbildung als Element betrieblicher Personalentwicklung in Unternehmen zum Thema zu machen und dafür seine Unterstützung als Leistung anzubieten, muss er sich auf die Suche nach Unternehmen machen, die sich für sein Angebot eignen. Dafür ist es hilfreich, die in GRAWiRA gemachten Erfahrungen zu kennen und folgende Aspekte und Fakten zu bedenken und einzubeziehen:

– Akquise, Auftragsabschluss und Planung sind einerseits u. U. umso schwieriger und langwieriger, je größer das Unternehmen ist, weil verschiedene betriebliche Hierarchieebenen einbezogen werden müssen. Andererseits haben diese Unternehmen in der Regel eine Abteilung für Personalentwicklung, die sich engagiert für die Umsetzung einsetzt und sie begleiten kann. In kleineren und mittleren Unternehmen hingegen steht aufseiten des Managements oft wenig Zeit zur Verfügung, sich auch nur mittelfristig um das Thema zu kümmern. Hier sähe die Auftragsbeschreibung entsprechend anders aus.

DARÜBER HINAUS GIBT ES UNABHÄNGIGE VARIABLEN, AUF DIE EIN EXTERNER KEINEN EINFLUSS HAT:

Das Unternehmen

- hat Aufgaben für geringer qualifizierte Mitarbeiter an Subunternehmen vergeben;
- hat eine eigene Weiterbildungsabteilung, dessen Leitung evtl. Konkurrenz fürchtet;
- hat eine eigene Gesellschaft für Weiterbildung gegründet;
- ist Teil eines Konzerns und abhängig von dessen Zustimmung;
- hat vielleicht Betriebsvereinbarungen, die das Erreichen der Mitarbeiter erschweren.

- Die Fachbegriffe Grundbildung und funktionaler Analphabetismus sind für „Außenstehende" in der Regel nicht wirklich mit Inhalt gefüllt. Der Begriff „Analphabet" wird fast immer mit Menschen aus anderen Ländern in Verbindung gebracht. Das Erstaunen ist groß, wenn klar wird, dass es sich zu einem größeren Teil um deutsche Muttersprachler handelt.

- Der Begriff „Niedrigqualifizierte" wird ungern verwendet, „Geringqualifizierte/ geringer qualifizierte Mitarbeiter" schon eher akzeptiert. Bevorzugt werden jedoch die auf Seite 28 und 29 aufgelisteten Umschreibungen und auch Aussagen wie: Mitarbeiter, die keinen PC am Arbeitsplatz haben, Spaß am Lernen (wieder-)entdecken oder Kenntnisse auffrischen oder sicher im Lesen und Schreiben werden wollen; Mitarbeiter, die ohne spezifische Ausbildung angelernt wurden.

- Motivationsgründe für die Bereitschaft eines Unternehmens, überhaupt Grundbildungskurse anzubieten sind Ausgangslage, Benefit und Perspektive sowie Impetus und Verantwortungsgefühl für geringer qualifizierte Mitarbeiter. Deswegen ist es sinnvoll, sich vorher über die betriebsspezifischen Interessenlagen und den möglichen Nutzen von Grundbildungsangeboten für das anzusprechende Unternehmen Gedanken zu machen.

- Personalverantwortliche kennen durchaus die Stärken und Schwächen ihrer Mitarbeiter, bezweifeln u.U. aber die Veränderungsmöglichkeiten durch Weiterbildung.

- Wichtiger Erfolgsfaktor für die Implementierung von Weiterbildungsangeboten für die Zielgruppe ist die Zusammenführung von Unternehmenssicht und Mitarbeitersicht (Betroffenensicht).

– Rahmenbedingungen und Interessen der Unternehmen erfordern ggf. unterschiedliche Vorgehensweisen.

– Unternehmen brauchen interne, engagierte Multiplikatoren für das Thema Grundbildung.

– Reine Lese- und Schreibkurse sind nicht erwünscht aus Sorge, die Mitarbeiter bloßzustellen. Es wird erleichtert zur Kenntnis genommen, dass zur Verbesserung der Literalität (mündliche, schriftliche, interaktive Sprachkompetenz) auch ganz andere Lernangebote förderlich sind, die zugleich Motivation, Aufgeschlossenheit, Konzentrations- und Kommunikationsfähigkeit, Lernfreude und -fähigkeit, Belastbarkeit und Selbstbewusstsein verbessern.

– Die freiwillige Teilnahme an Grundbildungsangeboten ist Grundsatz.

– Damit lange Wege zum Kursort vermieden werden, stellen Unternehmen, wenn irgend möglich, Raumkapazität im Unternehmen zur Verfügung.

– Der Begriff „Grundqualifikationen" ist zwar der Türöffner, muss aber dem Gesprächspartner anhand des Schaubildes f i t und der Kompetenzbeispiele erläutert werden, um deutlich zu machen, um welche Inhalte und Ziele es geht (siehe Seite 25ff.).

– Der Hinweis auf das hinter **f i t** (siehe Kapitel 3.2, S. 25) stehende Menschenbild ist unbedingt erforderlich, um zu verstehen, welcher Blick auf den geringer qualifizierten Mitarbeiter für den pädagogischen Ansatz hinter den Kursangeboten bestimmend ist.

– Die positiven Rückmeldungen von Mitarbeitern, die an Grundbildungskursen teilgenommen haben, wirken im Akquisegespräch eindeutig als Verstärker für die Bereitschaft, sich mit dem Thema auseinanderzusetzen.

Mitarbeiter melden sehr positive Lernerfahrungen und Motivation zum Weiterlernen zurück: Man möchte mehr und öfter lernen. Der Unterschied zum Lernen in der Schule wird deutlich empfunden:

„Wenn was Neues angeboten wird, würde ich wieder mitmachen."

Was würden Sie gern noch üben oder lernen?
richtig schreiben

Was war für Sie persönlich besonders wichtig?
Spaß am Kurs und dem L Verbunden einen Volkshochschule zu Besuchen

Was hätten Sie gerne anders?
Der Kurs mußte länger sein

Wodurch unterscheidet sich für Sie das Lernen in diesem Kurs vom Lernen in der Schule?
Nicht so unpersönlich

Was war für Sie besonders erfolgreich?
Lerntechnik

Wie können Sie das Gelernte für sich nutzen?
a) privat
Im Urlaub

b) für den Beruf
Falls einen Ausländische Mitbürger ansprechen

4.1.2 DIE UNTERNEHMENSRECHERCHE –
WELCHE UNTERNEHMEN SIND FÜR EINE AKQUISE RELEVANT?

Eine gründliche Recherche bezüglich der „Akquiseeignung" eines Unternehmens spart Zeit und Energie, die sonst für eine erfolglose Akquise aufgewendet würden. Fragen, auf die vor der Akquise eine Antwort gefunden werden sollte:

– Welche Branchen beschäftigen geringer qualifizierte Mitarbeiter, und was ist noch zu prüfen?

– Welche Unternehmensbereiche hat das Unternehmen?

– Wie viele Mitarbeiter hat das Unternehmen?

- Sind Veränderungen bekannt, die das Unternehmen lösen muss?

- Welche Qualifikationen brauchen/haben die Mitarbeiter üblicherweise im anzusprechenden Unternehmen, im speziellen Unternehmensbereich?

- Mit welchem Branding wirbt die Firma für sich/stellt sich das Unternehmen dar?

- Trifft eine der o.a. „unabhängigen Variablen" für das Unternehmen zu?

RELEVANTE BRANCHEN
Reinigungs-, Hotel- und Gaststättengewerbe, Garten- und Landschaftsbau, Logistik, Pflege, Montage, Zulieferer, Handwerk, Handel, Autovermietung, Abfall-/Entsorgungsgewerbe ...

4.2 PHASE 2: UNTERNEHMENSAKQUISE

Nachdem es in Phase 1 um die Unternehmensrecherche und um das geht, was der externe Berater/Dienstleister (in der Rolle des Akquisiteurs) wissen und bedenken muss, geht es jetzt darum, Unternehmen konkret anzusprechen und sich bestmöglich auf die zu führenden Gespräche vorzubereiten. Denn wer es sich zum Ziel gesetzt hat, „Grundbildung als Element betrieblicher Personalentwicklung" ins Bewusstsein der Personalverantwortlichen zu rücken, dem muss es bereits beim **ersten Telefonat** gelingen, Interesse zu wecken. Im ersten Akquisegespräch muss es dann gelingen, den „Abnehmer" des „Produkts Grundbildung" davon zu überzeugen, dass Grundbildungsangebote geeignet sind, die Zielgruppe der gewerblichen Mitarbeiter mit Grundbildungsbedarf auf den Weg des lebensbegleitenden Lernens „mitzunehmen" und den Zielen des Unternehmens zuzuarbeiten. Dies selbst in Krisenzeiten, in denen es gilt, antizyklisch für die Zukunft zu handeln!

Eine Studie des Instituts für Arbeitsmarkt- und Berufsforschung in Nürnberg ergab, dass der Anteil der Betriebe, die ihren Beschäftigten regelmäßig Weiterbildungen anbieten, im Krisenjahr 2009 vier Prozentpunkte unter dem Vorjahreswert lag (Hamburger Arbeitsblatt, 10./20. Juni 2010).

Hier wird u.U. eine Chance vertan, dem Fachkräftemangel auch dadurch zu begegnen, dass Einzelne aus der Mitarbeiterschaft der Geringqualifizierten durch Grundbildungsangebote mittelfristig befähigt werden, an fachspezifischer Fortbildung/Qualifizierung teilzunehmen und Facharbeiteraufgaben zu übernehmen.

Zitiert aus einem Artikel des Hamburger Arbeitsblatts vom 07.07.2010:

„Jedem dritten Betrieb fehlen Fachkräfte. Der Mangel an qualifiziertem Personal hemmt den Aufschwung der Wirtschaft. 29% der befragten Firmen in Deutschland geben an, Fachkräfte zu suchen."
Ebenfalls dort: Vera Calasan, Geschäftsführerin von Manpower Deutschland: „Der Fachkräftemangel, der während der Wirtschaftskrise unberechtigterweise in Vergessenheit geraten war, ist wieder in aller Munde. Insbesondere mittelständischen Unternehmen wird er massive Sorgen bereiten. Dem Mittelstand werden in den nächsten Jahren Zigtausend Spezialisten fehlen."

4.2.1 DAS AKQUISEGESPRÄCH

Ansprechpartner finden
Zunächst gilt es herauszufinden, wer der „richtige" Ansprechpartner im Unternehmen ist: der Betriebsrat, die Mitarbeitervertretung, der/die Geschäftsführer/-in, Personalverantwortliche, Vertrauensperson X, Multiplikator Y, der „Anbieter" betriebsinterner Fortbildungsmaßnahmen, der betriebsinterne Weiterbildner? Dies kann ggf. über das Personal am Empfang/die Telefonvermittlung, durch die Sekretärin des Geschäftsführers bzw. -inhabers oder aber auch über Gewerkschaften in Erfahrung gebracht werden.

Erstes Telefonat mit dem Ansprechpartner
Das erste Telefonat mit dem „richtigen" Gesprächspartner hat das Ziel, einen Termin für ein Akquisegespräch zu bekommen. Was so einfach klingt, ist die erste Herausforderung:

Bereits am Telefon muss es gelingen, das Interesse des Gesprächspartners zu wecken, damit es zu einer Terminfestsetzung kommt. Mit den folgenden Aussagen, die auf Erfahrungen mit der Zielgruppe, Aussagen von Kursteilnehmenden der regulären Grundbildungskurse der Hamburger Volkshochschule und auf Aussagen von Kooperationspartnern beruhen, ist das im GRAWiRA-Projekt gelungen. Sie werden nicht immer offenkundig, beeinflussen aber Leistung und Betriebsklima und können sich durch Weiterbildungsangebote positiv verändern.

- Der Mitarbeiter hat gelernt, seine Probleme zu verstecken, das kostet ihn Kraft – diese Kraft geht dem Unternehmen verloren.
- Er benutzt Ausreden, wenn es um das Lesen von Aufträgen, Formularen oder Verträgen geht – das führt zu zeitlichen Verzögerungen, erzeugt Angst, und wer Angst hat, macht Fehler.
- Er meldet sich krank, wenn er an einem anderen Ort eingesetzt wird – das Unternehmen muss umdisponieren, dafür fehlt es an Zeit oder geeignetem Ersatz.
- Der Mitarbeiter lehnt höherwertige Arbeit ab, weil sie mit Lesen und Schreiben verbunden ist – das Unternehmen wäre jedoch froh, die Position aus den eigenen Reihen besetzen zu können bzw. gerade mit diesem Mitarbeiter zu besetzen, weil er sich als sehr zuverlässig und einsatzbereit gezeigt hat.
- Er hat Probleme damit, Veränderungen im Betrieb mitzumachen, kündigt ggf. – und ist doch eigentlich ein Mitarbeiter, auf den das Unternehmen nicht verzichten möchte, nicht zuletzt auch unter dem Aspekt Facharbeitermangel und Fluktuationskosten, die im Bereich Geringqualifizierter mit 7.000 Euro veranschlagt werden – kann sich das Unternehmen dies leisten?
- Der Mitarbeiter ist lieber in den Pausen allein und fehlt bei Betriebsfeiern – das Unternehmen legt aber Wert auf ein gutes kollegiales Betriebsklima. Zwischenzeitliche Kommunikation, wie zum Beispiel Flurgespräche, entlasten und bauen Stress ab, was wiederum die Konzentration verbessert und die Gesundheit fördert – das kommt auch dem Unternehmen zugute.
- Der Mitarbeiter fühlt sich nicht nur als „Kuli", sondern wertgeschätzt, weil das Unternehmen etwas für ihn tut.

Vorbereitung auf das Akquisegespräch

Nachdem mit dem zuständigen Ansprechpartner ein Termin telefonisch festgelegt wurde, geht es darum, sich auf das unternehmensspezifische Erstgespräch auf verschiedenen Ebenen vorzubereiten. Denn in diesem Gespräch muss es gelingen, das Unternehmen grundsätzlich für das Anliegen „Grundbildung als Element betrieblicher Personalentwicklung" zu gewinnen, um ggf. im zweiten Schritt einen Auftrag für die Umsetzung zu erhalten.
Im GRAWiRA-Projekt war die Beantwortung folgender Fragen hilfreich:

Welche Haltung und welches Verhalten des externer Beraters/Dienstleisters unterstützen sein Anliegen und sichern ihm ggf. einen Auftrag?

… nicht mit einem vorgefertigten Konzept auftreten, sondern sich in der Rolle des Beraters sehen, der überzeugende Argumente parat hat, die den Nutzen verdeutlichen, der nicht belehrend agiert, wenn es gilt, Einwände und Gegenargumente (mit denen zu rechnen ist) des Gesprächspartners glaubwürdig zu entkräften;

… Ideen haben, aber sie nicht stringent verteidigen, sondern sie ggf. – die Bedarfe des Unternehmens berücksichtigend – im Verlauf des Gesprächs modifizieren oder zusammen mit dem Gesprächspartner ganz neue Ideen entwickeln und dafür dessen Vorwissen und Kompetenz nutzen;

… den Gesprächspartner davon entlasten, dass er bisher über das Problem nichts wusste oder sich ihm bis jetzt nicht gewidmet hat;

… sich Zeit lassen, aber nicht die Zeit des Gesprächspartners überstrapazieren;

… genau zuhören, um analysieren zu können, welchem Problem, welchen Herausforderungen das Unternehmen gegenübersteht, welche Ansätze für ein sinnvolles Angebot erkennbar werden;

… dem Gesprächspartner das Wahrgenommene, Erfasste, Deutlichgewordene und Analysierte spiegeln, um Missverständnissen vorzubeugen;

… ihm Mut und Lust auf das Experiment „Grundbildung als Element betrieblicher Personalentwicklung" machen und Unterstützung zusichern;

… das eigene Engagement und die Expertise, auch der Mitarbeiter oder kooperierender Grundbildungsexperten, Lösungskompetenz und Flexibilität hinsichtlich der Berücksichtigung der Rahmenbedingungen des Arbeitgebers deutlich machen;

… aus Evaluationsaussagen ehemaliger Lerner und Aussagen anderer Unternehmen zitieren und diese als Verstärker nutzen;

… auf Qualitätssicherung durch Evaluation und Weiterbildung der Dozenten hinweisen;

… versuchen, einen ersten Konsens zu erzielen/ein erstes O.K. einzuholen.

In diesem ersten Gespräch geht es auch darum, auf die Bedeutung angemessener Zielgruppenansprache hinzuweisen und bei der Weiterbildungswerbung bei den Stärken der Mitarbeiter anzusetzen und nicht bei ihren Defiziten; nicht zu verhehlen, dass es u.U. ein langer Weg ist, gerade geringer qualifizierte Mitarbeiter zum Wieder-/Weiterlernen zu ermutigen und zu motivieren, und dass schon eine geringe Anzahl von Teilnehmenden den finanziellen Einsatz rechtfertigt, da diese Mitarbeiter mittelfristig dazu beitragen, auch andere Kollegen zu motivieren. Und es vielleicht gerade diese sind, die zum dringend benötigten Facharbeiter avancieren können.

Welche Zielgruppendefinition, Fachbegriffsklärung und Produktdefinitionen können den Verlauf des Gesprächs positiv unterstützen?
Es ist wichtig, im Erstgespräch den Gesprächspartner zunächst zu fragen, was er mit bestimmten Begriffen assoziiert, um von dort aus zu den in der Fachsprache, im EU-weiten Sprachgebrauch und von der UNESCO genutzten Definitionen überzuleiten.

Dazu ist es hilfreich, auf die unter 3.1 (Seite 19), 3.2 (Seite 22ff.) und 3.3 (Seite 28f.) beschriebenen Definitionen zurückzugreifen und diese auch zum Aushändigen vorliegen zu haben. Es ist jedoch besser, den Begriff funktionaler Analphabet nicht allzu stringent zu verwenden, sondern auf Umschreibungen wie „geringer qualifizierte Mitarbeiter; Menschen mit Problemen beim …; Menschen, die von sich glauben, dass …" zurückzugreifen, um das Spektrum der Betroffenen zu charakterisieren (siehe hierzu auch unter 4.1.1 „Gut zu wissen", Seite 40).

Welche Beispiele erzeugen Empathie für die Zielgruppe, dokumentieren den „Gewinn" für den Arbeitgeber und für den Arbeitnehmer und überzeugen, dass es Sinn macht, sich für die Weiterbildung von geringer qualifizierten Mitarbeitern zu engagieren und Geld auszugeben?
Um das Erstgespräch erfolgreich zu machen, ist es natürlich vorteilhaft, den Gesprächspartner von den Benefits zu überzeugen, die das Unternehmen hat, wenn es die Weiterbildung ihrer Mitarbeiter durch die Finanzierung von Grundbildungskursen unterstützt.

Hier kommt es insbesondere darauf an, dem Unternehmenspartner klarzumachen, dass es gerade bei der Zielgruppe der geringer qualifizierten Mitarbeiter und beim pädagogischen Konzept, das hinter den Grundbildungskursen steht, selten um Einzelwirkungen geht, sondern Wechselwirkungen eintreten, die verknüpfte und langfristige Wirkungen zeitigen. Das heißt, macht der gewerbliche Mitarbeiter die Erfahrungen, dass ihm Lernen (wieder) Spaß macht, dass er merkt, er kann es, wenn man es ihm nur richtig erklärt, wenn seine früher oder informell erworbenen Kenntnisse gewürdigt werden, wenn er auf einmal sicherer im Schreiben wird oder sich im Urlaub nicht ausgegrenzt fühlt, weil er die inzwischen gelernten Englisch-Basics nutzen kann, „hat auch das Unternehmen etwas davon".

Die Benefits lassen sich in vier Bereiche einteilen:

- Allgemeine Benefits
- Direkte fachliche Kompetenzen
- Soft Skills
- Indirekte Wirkungen.

Allgemeine Benefits

Allgemeine Benefits sind übergreifend „nützlich" und ihr Erwerb nicht vom spezifischen Kursinhalt abhängig. Sie befähigen den geringer qualifizierten Mitarbeiter grundsätzlich, sich weiterzuentwickeln, und lassen sich aus der „Definition gelungenen Lernens" ableiten:

> Ein Weiterbildungsangebot im Bereich Grundbildung ist gelungen, wenn die Teilnehmenden (TN) das Lernen (wieder) aufnehmen; ihre Lernfähigkeit und ihr Gedächtnis verbessern; entdecken, dass Lernen Spaß machen kann, Lernstrategien und Wege der Verankerung kennen(lernen) und anwenden; ihre Selbstlern- und Lernorganisationskompetenz verbessern; (neue) Lernziele entdecken und formulieren; Lernziele mit dem Erreichten abgleichen; konkrete Anregungen für ihren Lebens- und Berufsalltag bekommen, neue Fähigkeiten erwerben (Wissen und Können = Kompetenzerweiterung) und das Gelernte in ihre Lebenswelt (privat und beruflich) transferieren (können); zu Unsicherheiten z.B. im Lesen und/oder Schreiben stehen und sich trauen, Kollegen um Unterstützung zu bitten und Ängste vor neuen Aufgaben zu formulieren; ihr Selbstbewusstsein erhöhen (ich kann ja doch was); Angst vor Veränderungen verlieren und flexibler werden; lebensbegleitendes Lernen positiv erleben.

Nicht alle Benefits zeigen sich z.B. nach vier bis sechs Schnupperkursterminen, aber es ist immer wieder überraschend, wie viel beim Lerner selbst innerhalb von vier Terminen „passiert". Die Bereitschaft weiterzulernen ermöglicht es dann, ggf. in weiteren Terminen auch noch der Frage nachzugehen, zu welchem Lerntyp „mann", „frau" gehört, negative Lernsuggestionen Dritter aufzulösen (dafür bist du sowieso zu blöd, das lernst du nie) und zu wissen, wie man sich selbst motiviert.

„Es macht Spaß; bin motiviert weiterzulernen, habe mehr Selbstbewusstsein gewonnen; wir sind denen etwas wert."
Teilnehmer aus Qualikurs Unterhaltsreinigung

Direkte fachliche Kompetenzen

Während die im Anschluss an die Mindmap f i t erläuterten Grundbildungskompetenzen allgemein formuliert sind, versuchen die nachfolgenden Beispiele hier deutlich zu machen, welche konkreten Benefits sich für Arbeitnehmer und Arbeitgeber aus verbesserten Grundbildungskompetenzen ableiten lassen. Dass der Arbeitnehmer „dies" oder „jenes" wünschenswerterweise können sollte und welche Wirkungen dies zeitigt, wurde in den Gesprächen mit den Unternehmen verschiedener Branchen deutlich.

Schriftsprachkompetenz

Mitarbeiter
a) kann ggf. eine Mitteilung des Auftraggebers oder -nehmers lesen und verstehen, die eine Bitte um Aufgabenerfüllung enthält, die nicht zum üblichen Auftragskatalog gehört,
b) kann ggf. Nachricht hinterlassen, weshalb ein bestimmter Auftrag nicht erledigt werden konnte,
c) kann Warnhinweise lesen und berücksichtigen,
d) kann Arbeitszettel ordnungsgemäß und in Gänze ausfüllen,
e) hat z.B. keine Angst vor Schulungen zur Unfallverhütung,
f) erweitert seinen Wortschatz.

Rechenkompetenz

Mitarbeiter
a) kann das richtige Mischungsverhältnis z.B. bei Reinigungsmitteln herstellen,
b) kann seine Wegstrecke berechnen,
c) kann die Dauer von Arbeitsabläufen berechnen und ggf. Vorschläge für verbesserte Arbeitsplanung einbringen,
d) hat Kostenbewusstsein und geht entsprechend sparsam mit den zur Verfügung gestellten Materialien um.

PC-Kompetenz

Mitarbeiter
a) kann digitalisierte Formulare (z.B. Arbeitsnachweis) ausfüllen,
b) kann im Internet recherchieren, sich informieren und E-Mails schreiben,
c) hat keine Angst davor, wenn sein Arbeitsplatz mit einem PC ausgestattet wird.

Englische Basics-Kompetenz

a) Mitarbeiter erwirbt mündliche Sprachkompetenz und „versteht" Englisch.
b) Er bewältigt Grundsituationen, die seinem individuellen Ziel entsprechen (z.B. Verkaufsgespräch, Flughafen, jemand fragt nach dem Weg).
c) Er versteht Anglizismen und Wörter der Computerwelt und spricht sie richtig aus.
d) Sein informelles Wissen (Wörter, die er eigentlich kennt) wird ins Bewusstsein gehoben.

> **WARUM GERADE ENGLISCH? WAS HAT DICH BEWEGT?**
> „Meine Tochter lernt das schon in der dritten Klasse. Beim Frühstück sprechen wir oft aus Spaß nur Englisch. Da kommt es immer häufiger vor, dass sie mich verbessert. Außerdem musst du ja immer mehr englische Fachvokabeln beherrschen, Denk nur mal an Computerhandbücher …"

Soft Skills

Den Soft Skills wird seit Längerem eine ebenso große Rolle/Bedeutung zugeschrieben wie den direkten fachlichen Kompetenzen. Sie unterstützen ein gutes Betriebsklima, und das wiederum trägt deutlich zu guten Arbeitsergebnissen bei. Statt eines Gegeneinanders, das Kräfte negativ binden würde, herrscht ein Miteinander, das Kräfte freisetzt.

Veränderungskompetenz

a) Mitarbeiter zeigt erhöhte Flexibilität bezogen auf die Aufgabenstellung, beispielsweise die Versetzung in eine andere Abteilung des Kaufhauses ist für ihn kein Problem.
b) Er zeigt erhöhte Flexibilität bezogen auf den Einsatzort. Es entfällt z.B. die Unsicherheit: „Wie komme ich dort hin, habe Angst, bleibe also lieber zu Hause und melde mich besser krank."
c) Strukturänderungen wie z.B. Veränderungen der Abteilungsstruktur erzeugen bei ihm keine massiven Ängste.

Kommunikationskompetenz

a) Ausdrucksfähigkeit wird verbessert.
b) Offenheit dem Kunden gegenüber wird größer, kann Auskunft einholen und geben.

c) Der Verkäufer schafft es, den Kunden im Gespräch anzusehen.
d) Reinigungskraft weiß, wie sie der Bitte des Kunden verbal begegnen kann.
e) Mitarbeiter kennt die Nuancen von Aussagen und ihre Wirkung auf Dritte.
f) Differenziertere Ausdrucksfähigkeit in Berichten, mit Kunden.
g) Emotionale Entlastung durch „Flurgespräche", zwischendrin mal abschalten, mitreden können.

WARUM GERADE KOMMUNIKATION? WAS HAT DICH BEWEGT?

„Als „Oranger"[8] bist du draußen der Ansprechpartner für die Kunden. Die stellen dir dann Fragen als Stellvertreter der Stadtreinigung. Da kann es nur gut sein, das kleine Einmaleins der Kommunikation zu beherrschen …Die Lehrerin[9] war so locker-fluffig drauf, dass wir auch nur wenig Mühe mit den Rollenspielen hatten … Beim nächsten Kurs, der auf diesen aufbauen sollte, bin ich in jedem Fall dabei."

Teamkompetenz

Mitarbeiter

a) mag sich in Gespräche von Kollegen einklinken,
b) mag um Hilfe bitten,
c) ist hilfsbereit, kann andere unterstützen,
d) mag nachfragen,
e) spricht Konflikte an und versucht, sie ruhig verbal und nicht mit lauter Stimme oder gar handgreiflich zu lösen.

---

[8] Die Arbeitskleidung der Entsorger hat die Farbe Orange.
[9] Gemeint ist die Kursleiterin.

Indirekte Wirkungen

Indirekte Wirkungen im Sinne positiver Wirkungen sind in vielen Langzeitstudien immer wieder nachgewiesen worden. Sie beziehen sich hier auf Gesundheit, Leistungsvermögen, Fluktuation:

Gesundheit

Weniger Krankenstände durch Sichwohlfühlen und Sich-sicher-Fühlen, nicht so gestresst sein, angstfreieres Handeln, allgemein Freude am Lernen – „Warum Lernen glücklich macht[10]. Allerdings gibt es Anzeichen dafür, dass es gerade im Bereich Gesundheit durch höhere Belastungen aufgrund einer stark veränderten und beschleunigten Arbeitswelt zunehmend eine negative Tendenz gibt.[11]

Leistungsvermögen

Kraft, die der Mitarbeiter bislang in das Verstecken steckt, kommt jetzt dem Unternehmen zugute.
Weniger Angst setzt ebenfalls Kräfte frei. Das Spektrum möglicher Einsatzbereiche wird größer.

Fluktuation

Geringere Fluktuation durch Bindung an den Betrieb: „Die tun was – auch für uns!"

Womit kann der Gesprächspartner im Unternehmen zusätzlich überzeugt werden?

Die Langzeitwirkung von Teilnahme an Grundbildungskursen im Betrieb ließe sich erst durch eine Nachevaluation nachweisen. Im Rahmen von GRAWiRA war dies aufgrund der begrenzten Projektdauer nicht möglich. Zitate und Aussagen sind jedoch bestens geeignet, dem Gesprächspartner im Unternehmen zu verdeutlichen, *was* Grundbildungsangebote bei den geringer qualifizierten Mitarbeitern bewirken und für das Unternehmen bedeuten. Sie sollten deshalb ebenfalls für die Akquise genutzt werden. Unter Umständen beeindrucken sie mehr als alle fachlichen Argumente.

---

[10] Bertelsmann Stiftung (Hrsg.) „Warum Lernen glücklich macht", ISBN 978-3-89204-997-5
[11] Quelle: Wissenschaftliches Institut der AOK (Wido): http://wido.de/fzr_2010.html

Aussagen von Teilnehmern der betrieblichen Grundbildungskurse

Die gewerblichen Mitarbeiter erleben die Finanzierung der Weiterbildung durch den Arbeitgeber als Würdigung ihrer Arbeit:

Sie können (mehr oder weniger genau und manchmal mit persönlicher Unterstützung der Kursleitung oder der Gruppe) begründen, warum sie sich gerade „diesen" Kurs ausgesucht haben, was sie dort lernen wollen und wann sie sagen: „Gut, dass ich mitgemacht habe." Sie können formulieren, was sich bei ihnen durch die Kursteilnahme verändert hat, ob und wann sie das Gelernte privat oder beruflich für sich nutzen können, worin sich der Unterricht von „Schule" unterscheidet, welche Faktoren das Lernen und Dabeibleiben erleichtern (erleichterten).

Warum haben Sie sich gerade zu diesem Kurs angemeldet?

DER PC IST DIE GEGENWART !

MUSS MANN HEUTE EINFACH HABEN

Warum haben Sie sich gerade zu diesem Kurs angemeldet?

Um eine Weiterbildung in anspruch zunehmen, die Interesse persönlich Schafft.

Was möchten Sie lernen?

Schreibprogramme - ordner
intarnet, Musieck
Antiwieros

Was war für Sie persönlich besonders wichtig?

das ich mein angs verloren habe

Was hat Ihnen gefallen?

Kein schtrezt
freuntlichkeit

Wie war der Kurs für Sie? (was zutrifft bitte einkreisen, mehrere Nennungen möglich)

anstrengend (habe was Neues gelernt) (hat Spaß gemacht,)
(hilfreich) (super) langweilig (interessant)

Wann wäre die Teilnahme am Kurs für Sie ein Erfolg?

Wann sagen Sie: „Gut dass ich mitgemacht habe!"

Wenn ich was lerne " was auch schon passiert ist" -lach- (schöne nadne vom Betrieb aus)!"

Was möchten Sie lernen?

Wieder zu Lehrnen

Auch die Erfahrung mit der Volkshochschule ist für sie neu.

„Ich hab' nur Volksschulabschluss. Ich wäre nie auf die Idee gekommen, zur Volkshochschule zu gehen und mich dort als Vollkopf zu outen".
  Jürgen

„Es war super!"
  Jürgen nach dem Kurs

Die mündliche Frage, ob sie an diesem Kurs teilgenommen hätten, wenn sie ihn selbst hätten bezahlen müssen, wird wie aus der Pistole geschossen mit *„Auf keinen Fall"* beantwortet.

UND DAS SAGEN DIE UNTERNEHMEN SELBER

„Es gab überhaupt kein Problem, als Mitarbeiter X, der sonst Industriereinigung macht, die Unterhaltsreinigung eines erkrankten Kollegen übernehmen musste."
„… positiv überrascht von so viel Lerninteresse und Engagement in der Freizeit."
„Sicheres Verhalten gegenüber Kunden und Vorgesetzten. Höheres Selbstwertgefühl: Ich kann etwas richtig tun." „Die Mitarbeiter erkennen die Angebote als Wertschätzung." „Große Bindung und Zufriedenheit mit dem Betrieb. Größere Offenheit gegenüber Neuem." „Mitarbeiter werden flexibler und tragen künftig Veränderungen leichter mit." „Es haben mehr Menschen, als man denkt, Spaß am Lernen, wenn nur das Drumherum stimmt." „Lernen geht nur angstfrei. Ist keine Angst da, ist die Bereitschaft groß." „Bei den direkten Vorgesetzten der Mitarbeiter ist noch viel Überzeugungsarbeit zu leisten." „Grundbildung als Element betrieblicher Personalentwicklung ist ein lohnenswertes Thema, das es zu verfolgen gilt."
„Bessere Einsatzmöglichkeiten. Qualitätsverbesserung unserer Leistungen."

Welche Produkte unterstützen das Akquisegespräch, welche Materialien erzeugen Empathie, machen den Themenkreis Grundbildung nachvollziehbar und überzeugen, dass der externe Dienstleister den Prozess der Implementierung professionell begleiten kann?

Es ist wichtig, dass das Unternehmen im Erstgespräch feststellt, dass der Akquisiteur das Thema professionell aufbereitet hat und konkrete Produkte und Materialien vorlegen kann, die diese Feststellung untermauern. Deswegen ist es gut, noch einmal – wie unter 3.1 angeführt – darauf hinzuweisen, dass die vorgestellten Produkte und Materialien in Zusammenarbeit mit unterschiedlichsten Experten erarbeitet und mehrfach erprobt wurden.
Im GRAWiRA-Projekt hat sich gezeigt, dass diese **Produkte** und **Materialien** bestens für die Akquise von Unternehmen und zur Unterstützung der Etablierung von „Grundbildung als Element betrieblicher Personalentwicklung" geeignet sind und die Umsetzung nachholender und berufsrelevanter Grundbildung durch betriebliche Angebote erleichtern.

Produkt A: Eine Checkliste für die Aktivitätsplanung zur Umsetzung betrieblicher Weiterbildung für geringer qualifizierte Mitarbeiter

Die Checkliste (S. 102ff.) berücksichtigt und erfasst die von den Kooperationspartnern als besonders relevant erachteten organisatorischen Fragen, Klärungs- und Planungsaspekte sowie die erforderliche Information der verschiedenen personellen Ebenen, wenn ein Unternehmen gewerblichen Mitarbeitern Grundbildungskurse anbieten möchte. Sie erleichtert Vorbereitung, Bearbeitung und Realisierung des Vorhabens und wurde in der Erprobungsphase als hilfreich zur Unterstützung des Umsetzungsprozesses empfunden.
Der Umgang mit der Checkliste ist abhängig davon, mit wem der Akquisiteur das Erstgespräch führt: Ist es der Personalrat, der – begeistert von der Idee – Grundbildungsangebote „durchsetzen" will, wird die Liste hinsichtlich ihrer Unterstützungsfunktion besprochen. Die Fragen selbst klärt der Personalrat dann mit dem zuständigen Gremium/Personalentwickler/Unternehmensvertreter/mit der Geschäftsleitung. Ist es der Chef einer kleinen Firma, kann der Akquisiteur allgemein auf die Checkliste hinweisen, sie dalassen, um Zeit zu geben für interne Überlegungen/Besprechungen, und vereinbaren, dass sie Gegenstand beim nächsten Gespräch ist. Die Checkliste ist auch eine Chance, dem Gesprächspartner deutlich zu machen, dass hier keine „Eintagsfliege" geboren werden soll. Vielmehr wird ein wohlüberlegter Prozess in Gang gesetzt, für den geklärt werden muss, welche Aktivitäten erforderlich sind, um sicherzustellen, dass Grundbildungsangebote nachhaltig im Weiterbildungs-Angebotsrepertoire verankert werden.
Es wird deutlich, dass es nicht ausreicht, lediglich einen Weiterbildungskatalog mit verschiedenen Themen zu erstellen, sondern dass begleitende Maßnahmen erforderlich bzw. vorher Fragen zu klären sind, wie z.B. die Benennung eines Multiplikators und Art und Umfang seiner Verantwortung für diesen Themenbereich; ob es Arbeitszeitausgleich oder Anreize gibt, wenn ein Mitarbeiter an

einem Kurs teilnimmt; ob er etwas für den Kurs (zu-)zahlen muss …

Produkt B: Das „Multiplikatorenpaket" für mögliche Multiplikatoren und Mittler in Unternehmen

Von vielen Kooperationspartnern wurde die Bedeutung „betrieblicher Multiplikatoren" betont, die alternativ auch als „Vertrauensperson", „Mittler" oder „Ansprechpartner" definiert wurden. Sie nehmen aus Sicht der Kooperationspartner eine wichtige Stellung im Unternehmen ein, um die Zielgruppe zu erreichen. Gemeinsam mit dem Gesprächspartner im Unternehmen wird geklärt, welche Person des Unternehmens als Multiplikator/Mittler für die Grundbildungsthematik infrage kommt. Im Vordergrund steht dabei die Frage, ob diese Aufgabe bestimmten unternehmensspezifischen Funktionsträgern wie Betriebsräten oder Personalverantwortlichen oder externen Betroffenen bzw. Fachpersonal übertragen werden sollte und welche Vor- und Nachteile es jeweils hätte.

B.1 Die Klärung

Wer könnte Multiplikator/ Mittler sein? Welche Personen mit welchen Funktionen? Welche Vor- und Nachteile bestehen?

Grundlegende personenbezogene Voraussetzungen	Das persönliche Verhältnis zu den Kollegen spielt eine grundsätzliche und ausschlaggebende Rolle, ebenso sollte es jemand sein, der Affinität, positive Haltung und Engagement zum/für das Thema Weiterbildung hat.
Grundlegende Vermittlungsvoraussetzungen	Angebote sensibel vermitteln, da schnell Stigmatisierungen vorgenommen werden wie: „Schreibkurse" für Packer und Verräumer, weil die es ja nicht können", daher „Aufhängen" der Angebote an fachlichen oder allgemeinen Themen

»

Personen und Funktionsträger	Vorteile	Nachteile	Weitere Anmerkungen
Betriebsräte/ Mitarbeitervertretungen	Schutz für Mitarbeiter; sprechen gleiche Sprache		Voraussetzung: müssten das Thema Weiterbildung für sich erkannt haben
Objektleiter/ Teamleiter	haben den persönlichen Kontakt zu den einzelnen Mitarbeitern	könnte schwierig werden, wegen Abhängigkeitsverhältnis; sind Vorgesetzte	Positivwirkung, wenn sie die Weiterbildungsangebote auch wahrnehmen („Zugpferd, weil er mitmacht")
Vorstand	um eine allgemeine Kultur und Haltung für Weiterbildung zu schaffen; Blick auf das gesamte Unternehmen		müsste massiv dafür werben und damit signalisieren: „Wir unterstützen euch, das Durchwursteln hat ein Ende!" (Slogans entwickeln)
Verantwortliche für Aus- und Weiterbildung	Vermittlung über die unternehmensspezifische Weiterbildungsstruktur		
betriebliche Sozialdienste intern/extern	bieten die Möglichkeit des vertraulichen Gesprächs	sind in den wenigsten Unternehmen vorhanden	evtl. gezielt einstellen?
betroffene Personen/erfolgreiche Teilnehmer (intern/extern) als Vertrauenspersonen	sind wahrscheinlich am besten geeignet: authentisch und vertrauenswürdig; können von positiven eigenen Erfahrungen berichten; Einfühlungsvermögen	müssen zunächst gefunden werden	
externe Kursleiter der Grundbildungsangebote	Zugang als spezialisierter Bildungsexperte	Vorsicht wegen Stigmatisierung („Der kommt nur zu den Blödis")	

Durch ein Netzwerk könnte eine Unterstützungsstruktur für die Multiplikatoren und Mittler (extern/intern/auf allen Ebenen) geschaffen werden (unternehmensübergreifender Erfahrungstransfer).

B.2 Eine Checkliste zur Klärung der Aufgaben und Rechte von Mittlern/Multiplikatoren

Damit der jeweilige Multiplikator innerhalb des Unternehmens nicht im „rechtsfreien" Raum agiert, werden mithilfe der Checkliste Rechte und Pflichten (s. Seite 112), Rolle und Funktion geklärt und festgehalten, z.B.: Wie viel Zeit darf vom Mittler für Beratung pro Monat aufgewendet werden? Wie oft soll „Grundbildung" von ihm zum Thema im Unternehmen gemacht werden? Wie wird deutlich gemacht, dass er den geringer qualifizierten Mitarbeitern als Ansprechpartner zur Verfügung steht?

B.3 Themenspezifische Informations- und Weiterbildungsangebote für Mittler/Multiplikatoren/Vertrauensleute/Ansprechpartner in Unternehmen

Da auch für die Multiplikatoren Fachbegriffe und das Thema „Grundbildung" und die mit mangelnden Grundbildungskenntnissen einhergehenden Probleme der Beschäftigten in der Regel neu sind, ist es unerlässlich, dass sie auf ihre Funktion/Arbeit vorbereitet werden. Die Weiterbildung für Multiplikatoren ist deshalb ein weiterer wesentlicher Schritt des Unternehmens, den geringer qualifizierten Mitarbeiter zu erreichen.
Sie ermöglicht es, betriebliche Multiplikatoren, Kolleginnen und Kollegen mit geringen bzw. nicht ausreichenden Grundbildungskompetenzen zu beraten, zu unterstützen, zu ermutigen und zu motivieren, sich Hilfe zu holen, ihre fachlichen Fähigkeiten und/oder berufsrelevanten Grundbildungskompetenzen durch das Auffüllen vorhandener Lücken abzurunden und zu ergänzen und den persönlichen Gewinn aufzuzeigen.

ALLGEMEINE ZIELE DER WEITERBILDUNG FÜR MULTIPLIKATOREN ETC.

– Sensibilisierung für das Phänomen, nicht richtig lesen und/oder schreiben zu können

Ursachen als Komplex sich ggf. bedingender Faktoren erkennen

– Sensibilisierung für die Situation der Zielgruppe „funktionale Analphabeten" in der Arbeitswelt

Verständnis für den Begriff „Grundbildung/Grundbildungskompetenzen": worüber wir reden – gemeinsame Basis schaffen

– einen neuen Blick auf die Zielgruppe der Niedrigqualifizierten/geringer Qualifizierten entwickeln und Vorurteile abbauen
– Weiterbildungsbedarfe von Mitarbeitern erkennen
– auch geringer qualifizierte Bewerber als potenzielle Arbeitnehmer sehen
– Wecken des Wunsches und Erkennen der Sinnhaftigkeit „Grundbildung als Element betrieblicher Personalentwicklung" zu etablieren, um diese Menschen zu ermutigen, das Lernen erneut zu versuchen
– Wege zu entdecken, wie die Zielgruppe im Betrieb erreicht und Mobbing verhindert wird
– Angebote betrieblicher Weiterbildung auch für diese Zielgruppe einzufordern
– innerbetriebliche Wege zur Umsetzung und Sicherung der Nachhaltigkeit zu entwickeln oder bereits in anderen Unternehmen gegangene Wege kennenlernen

B.4 Inhalte der Weiterbildung und spezielle Ziele/Fragestellungen

– Information über das Phänomen funktionaler Analphabetismus/Grundbildungsbedarf
Begrifflichkeiten und ihre Abgrenzung, z.B. Lese-Rechtschreib-Schwäche/Legasthenie/Dyslexie/Illeteralität (Ziel: Übersicht gewinnen)
– Bekanntmachen mit der europaweit anerkannten Definition von Grundbildungskompetenzen und der Definition „Niedrigqualifizierte", „Geringqualifizierte", „geringer qualifizierte Mitarbeiter"

- Assoziation zum Thema Lernen/Welche Farbe hat … (Ziel: Erkennen, wie sehr die Aussagen vom individuell erlebten Lernprozess abhängen)
- Die eigene Lerngeschichte „bearbeiten"/alternativ oder beides: Reflexion der eigenen Lese-/Schreibbiografie (Ziel: Erkennen förderlicher und hinderlicher Bedingungen im Lernprozess)
- Woran erkenne ich, dass ein Mitarbeiter Grundbildungsbedarf hat? (Ziel: Merkmale kennen)
- Wie bahne ich einen selbstverständlichen Umgang mit dem Phänomen und den real Betroffenen im Unternehmen an? (Ziel: Beispiele kennen und eigene Ideen entwickeln)
- Wie überzeuge ich die Geschäftsführung, dass durch Investition in die Weiterbildung eine Win-win-Situation sowohl für den Betroffenen als auch für das Unternehmen entsteht? (Ziel: Argumente anderer kennen und ggf. eigene hinzufügen)
- Beziehe ich „Betroffene" als „Peers" mit ein und wo finde ich die? (Ziel: Klärung/Entscheidungshilfe)
- Betroffene kommen zu Wort durch Texte, Präsenzinterviews, Filme. (Ziel: Erzeugung von Empathie und Verständnis)
- Wo gibt es Hilfe? (Ziel: kompetente Partner kennen, an die Betroffene empfohlen oder die „ins Haus" für Weiterbildung eingeladen werden können)

Aufforderung vor Beginn der Informationsveranstaltung für angehende Betriebswirte der Handwerkskammer:

Bitte beenden Sie diesen Satz:
Nicht richtig lesen und schreiben zu können ist für mich …
„… ein Problem, das in einer modernen Gesellschaft nicht tragbar ist und mithilfe von gezielten Fördermaßnahmen im betrieblichen und privaten Bereich zielgerichtet bekämpft werden muss."

- Ideen/Erfahrungen zur „Gewinnung der Zielgruppe" entwickeln/austauschen. (Ziel: unterschiedliche Wege kennenlernen und zusätzliche Ideen entwickeln)
- Wie berate ich Mitarbeiter? (Ziel: Möglichkeiten der Ansprache kennen oder neue Formulierungen suchen)

> Frage am Ende der Informationsveranstaltung für angehende Betriebswirte der Handwerkskammer:
> **Inwieweit werden Ihnen die heute vermittelten Kenntnisse und Unterlagen nützlich sein a) in Ihrer Rolle als Betriebswirt, b) in Ihrem Betrieb?**
> Antwort: a) „Ich werde sensibler mit diesem Thema umgehen. b) Wenn ich Mitarbeitern helfen und diese fördern kann, werde ich das tun. Gut zu wissen, dass es die Institution (VHS) gibt."

B.5 Beispiele „aktivierender" Fragen für eine Annäherung an den Kollegen/die Kollegin

– Sie möchten das Formular mit nach Hause nehmen. Kann das damit zu tun haben, dass es Ihnen jetzt schwerfällt, es hier auszufüllen? Mögen Sie mir sagen, warum? Macht das sonst immer jemand anderes in der Familie? Fällt es Ihnen schwer, **hier** zu lesen und/oder zu schreiben?

– Wenn ich das, was Sie mir eben mitgeteilt haben, überdenke, dann höre ich daraus, dass Sie Schwierigkeiten mit dem Lesen/Schreiben haben, unsicher sind. Sehe ich das so richtig?
Sie gehen mir gegenüber sehr offen mit diesem Thema um.
Ist dies das erste Mal, dass Sie davon sprechen?

– Ich möchte gern etwas mit Ihnen besprechen. Lassen Sie uns dazu im Zimmer Platz nehmen. Ich habe gemerkt, dass Sie auf Einladungen zu Firmenereignissen nicht reagieren. Kann es daran liegen, dass Sie Schwierigkeiten haben, die Einladungen zu lesen, zu verstehen, darauf zu antworten? Mir ist es wichtig, dass wir gut zusammenarbeiten, sich alle bei uns wohlfühlen, niemand ausgeschlossen ist. ... Vielleicht kann ich Ihnen helfen?

Bei der Fortbildung können auch die nachfolgend genannte Powerpoint-Präsentation, der Spot „At work" und der Film „Zweite Chance" als „Aufhänger" verwendet werden (siehe B.6).

B.6 Powerpoint-Präsentation „Grundbildung – das Plus für Ihr Unternehmen!"

Die PPP kann von der Homepage der Hamburger Volkshochschule www.vhs-hamburg.de heruntergeladen[12] und über den Bildschirm oder als Ausdruck ge-

---

[12] Kontakt: grundbildung@vhs-hamburg.de

zeigt werden, ggf. ergänzt durch den Spot „At work" (30 Sekunden, www.alphabund.de), der eindrucksvoll eine stark überzeichnete prekäre Situation im Unternehmen nachzeichnet, und/oder ergänzt um den Film „Zweite Chance" (6 Minuten, www.alphabund.de), in dem ein Betroffener zu Wort kommt und aus seinem Leben und seinem Betriebsalltag erzählt.

B.7 Konzeptentwurf für eine moderierte Sitzung mit Multiplikatoren zur Klärung innerbetrieblicher Entscheidungen und Aktivitäten durch Multiplikatoren.

Titel: „Meine Grundbildungsarbeit als Multiplikator in unserem Unternehmen"

Dieser Entwurf kann auch innerhalb eines Netzwerkmeetings von Multiplikatoren verschiedener Unternehmen genutzt werden. Ein moderiertes Netzwerkmeeting unterstützt Multiplikatoren emotional und befreit sie aus der Rolle von Einzelkämpfern. Zusätzlich erhalten sie Anregungen durch Dritte und können in einen konstruktiven Austausch treten.

1. Schritt: Perspektiven entwickeln
„Grundbildung für unser Unternehmen kreativ denken"

- Artikel zur Erfolgsgeschichte für Mitarbeiterzeitung aus der Sicht verschiedener betrieblicher Akteure (wie Geschäftsführung/Betriebsrat / Mitarbeiter/Multiplikatoren/des Umfelds wie Kunden, Presse) sammeln und/ oder schreiben
- Symbole, Bilder und Piktogramme zur betrieblichen Grundbildung entwickeln
- Werbeplakate, Slogans entwerfen

2. Schritt: Perspektiven in Ziele transferieren
„Welche Anknüpfungspunkte gibt es bereits im Unternehmen?"

- Besitzt unser Unternehmen ein Leitbild, in das sich das Grundbildungsthema integrieren lässt?
- Wie wird in unserem Unternehmen Weiterbildung kommuniziert? Und wo kann meine Arbeit ansetzen?
- Wo können weitere „Zugpferde" (formell, informell) für das Grundbildungsthema identifiziert und wie gewonnen werden?
- Achtung: Wo gibt es mögliche Konkurrenz zu ähnlichen Instrumenten und Themen? Wie kann Konkurrenz vermieden werden?

3. Schritt: Umsetzungsschritte konkret

Welche Wege können zur Kommunikation des Grundbildungsthemas genutzt werden?

- Checkliste entwickeln; Flyer, Visitenkarten, Postkarten entwerfen, Slogan entwickeln

Wo noch kann in unserem Unternehmen behutsam über das Grundbildungsthema informiert werden?

– Infostand zu Betriebsfeiern, Aktionstage, Fortbildung der Betriebsräte/Führungskräfte, Mitarbeiterversammlung

Welche Anknüpfungspunkte gibt es in unserem Unternehmen, um Grundbildung in die betriebliche Weiterbildungsorganisation zu integrieren?

– Terminplanung mit Personalentwicklung/Weiterbildungsabteilung/Geschäftsführung, neutrale Qualifizierungsthemen für unser Unternehmen auswählen, Möglichkeiten einer Weiterbildungsberatung abklären (Checkliste entwickeln)

Wo und wie kann das Grundbildungsthema in die alltägliche Arbeit des Multiplikators integriert werden?

– Bei Führungskräften: z.B. Mitarbeitergespräche
– Wie können Kollegen vom Multiplikator sensibilisiert werden?
– Welche Bezeichnung/Welchen Namen will ich mir als betrieblicher Multiplikator für Grundbildung geben („Beauftragter für Grundbildung")?

Produkt C: Ein Portfolio möglicher Grundbildungsangebote

Das Portfolio (siehe Seite 113ff.) beschreibt Inhalte und Formen von konkreten berufsrelevanten Grundbildungsangeboten. Es unterstützt die Klärung der Angebotsfrage: *Welche Grundbildungskurse sind denkbar, stoßen bei gering qualifizierten Mitarbeitern auf Interesse, und welchen Gewinn bringt der Kurs für den Mitarbeiter und das Unternehmen?*

Produkt D: Info- und Werbematerial für diese Kursangebote

- Texte in Mitarbeiterzeitungen (S. 131-133) berichten auf verschiedenen Ebenen zum Thema Grundbildung im Betrieb, ermuntern zur Teilnahme und können als Vorlage dienen.
- Flyer und Werbeblätter wenden sich direkt an die Mitarbeiter. Flyer informieren diese gezielt (S. 127) über das Angebot im Allgemeinen, und die Werbeblätter (S. 115-125) informieren über den Inhalt der Kurse im Speziellen. Beide ermutigen außerdem zum Mitmachen.
Auch diese Materialien dienen im Akquisegespräch dazu, beim Gegenüber Interesse für das Thema zu wecken, den erforderlichen sensiblen Umgang durch gute Vorbereitung und die Zielgruppenkompetenz zu verdeutlichen.

Hier zwei Werbeblätter verkleinert, alle anderen Werbeblätter im Anhang[13]

---

[13] Die Formulierung der Texte wurde in der Projektgruppe der Stadtreinigung Hamburg sorgfältig mehrfach abgestimmt, deswegen – der besseren Lesbarkeit und Nutzung halber – die restlichen Werbeblätter im Anhang als Muster.

4.2.2 ABSCHLUSS DES GESPRÄCHS, DOKUMENTATION UND AUFTRAGSKLÄRUNG

Abschluss und Dokumentation des Gesprächs sind insbesondere hinsichtlich der Sicherung des Gesprächsstandes und der Auftragsklärung von Bedeutung.

Hier geht es darum,
- konkrete Verabredungen mit Terminangaben für ein Zweitgespräch zu treffen;
- angedachte Schritte am Ende noch einmal zusammenzufassen, sie in der Nachbereitung zum Gesprächsprotokoll zu verarbeiten, dieses in den eigenen Unterlagen abzulegen und dem Gesprächspartner zuzusenden;
- nach diesem oder dem Zweitgespräch den Auftrag in einem Vertragsentwurf im Sinne einer Beratungs-/Begleitungsarchitektur zu konkretisieren und ggf. Fotogenehmigung und Genehmigung für Nutzung/Veröffentlichung (ggf. anonymisiert) bekannt gewordener Materialien einzuholen (s. auch unter Verhandeln).
- Gezeigte, genutzte Unterlagen in einer Präsentationsmappe dem Gesprächspartner übergeben.

Verhandeln

Im Rahmen des Projektes GRAWiRA war das Verhandeln nicht schwierig: Für den erforderlichen Beratungsakquise-Personalaufwand und für die Weiterbildungsangebote standen Finanzmittel zur Verfügung. Den Unternehmen war aber klar, dass dies eine vorübergehende Situation war.
Bereits im Portfolio Grundbildungsangebote wurden deshalb die anfallenden Kosten nach der Projektlaufzeit angeführt, sodass die Unternehmen sich ein Bild davon machen konnten, was das Weiterbildungsangebot „eigentlich" kosten würde.
Der Geschäftsführer des Reinigungsunternehmens kommentierte dies wie folgt: „Wenn das nicht teurer ist, können wir das später auch selber bezahlen."
Ist der/die Personalverantwortliche gewonnen, ist zwar der erste Schritt getan, ihm müssen aber viele weitere folgen:

Die schriftliche Vereinbarung

Da Leistung erst dann zum „Wert" wird, wenn sie verkauft ist, muss eine schriftliche Vereinbarung getroffen werden, in der sowohl die inhaltlichen als auch die pekuniären Modalitäten festgehalten werden. Den ersten Entwurf macht sinnvollerweise der Akquisiteur. Er ist stärker mit der Materie vertraut, fungiert schon hier als Dienstleister und erbringt die Vorleistung zum eigenen Nutzen.

Die inhaltlichen Bausteine der Beratungs-, Unterstützungs- oder Begleitungsarchitektur hängen von der Größe und den Strukturen des jeweiligen Unternehmens ab.

Die Architektur könnte beispielsweise so aussehen:

Bereich 1: Geschäftsleitung und Betriebsrat

– Klärung der Punkte in der Checkliste und der Multiplikatorenrechte
– Klärung, wer Multiplikator ist – Kontaktaufnahme und Besprechung bezüglich des weiteren Vorgehens, Beratung und Unterstützung
– Klärung, ob ggf. Akquisiteur die Rolle des Multiplikators übernehmen soll

BODO LAMMERS, GREWE GRÜNFLÄCHEN SERVICE HAMBURG:
„Die größte Herausforderung ist es, bei knapper Personalressource eine geeignete Person für die Ansprache der Zielgruppe zu finden und ihr ausreichend Spielraum neben der täglichen Arbeit zu geben, um sich des Themas intensiv anzunehmen."

Bereich 2: Sensibilisierung, Qualifizierung der Multiplikatoren/Mittler/Vorgesetzten

– Klärung, ob außer den Multiplikatoren noch weitere Vorgesetzte (z.B. Filialleiter, Teamleiter, Ausbilder, Objektleiter) der geringer qualifizierten Mitarbeiter für das Thema „Grundbildung – das Plus für Arbeitnehmer und Arbeitgeber!" sensibilisiert und qualifiziert werden sollen
– Qualifizierung entsprechend der Klärung durchführen

Bereich 3: Arbeitsplatzbeobachtung, Anfangsbefragung, Auswertung

– Befragung der Vorgesetzten: Auffälligkeiten, Weiterbildungsbedarfe der Mitarbeiter
– Befragung der Mitarbeiter: Erschwernisse, Weiterbildungsbedarfe
– Analyse des Gesehenen, des Gehörten

Bereich 4: Nachevaluation (nach einem festzusetzenden Zeitraum)

– Befragung der Vorgesetzten und Mitarbeiter: Hat sich etwas verändert, was hat sich verändert bzw. verbessert, wie sollte es weitergehen?

»

Bereich 5: Der Weg zu den geringer qualifizierten Mitarbeitern

- Klären, wer alles evtl. noch mit ins Boot geholt werden muss und bei der Projektvorbereitung und Umsetzung dabei sein soll.
- Klären, wie das Vorhaben den Mitarbeitern des Unternehmens bekannt gemacht wird (z.B. erst Mitarbeiterversammlung oder Artikel in der Mitarbeiterzeitung? Welche Rolle übernimmt der Dienstleister bei der Versammlung, wer schreibt den Artikel?).
- Motto/Slogan suchen, das/der motivierend wirkt.
- Sichtung des Grundbildungsportfolios mit Multiplikator und Klärung, welche/s Angebot/e den Mitarbeitern gemacht werden soll. Gegebenenfalls Hinzuziehen eines Mitarbeitervertreters und/oder Teamleiters: Findet er die Auswahl auch richtig?
- Eventuell ein ganz anderes Angebot machen und dafür auch die Definition gelungenen Lernens erstellen.
- Erstellen eines Werbeblattes, auf dem z.B. drei Angebote aus dem Grundbildungsportfolio stehen.
- Klärung, wann, wie oft und wo der Kurs/die ausgewählten Kurse stattfinden soll/en.
- Erstellen von Werbeblättern, die die Kurse ausführlich beschreiben.

Bereich 6: Die Weiterbildungsangebote für die Zielgruppe

- Kursangebotsbezogene Definition gelungenen Lernens formulieren.
- Die Mitarbeiter können z.B. die drei ausgesuchten Kursangebote quoten; die zwei Angebote mit den meisten Stimmen werden beim ersten Durchgang umgesetzt (wird auf dem Interessenbekundungsblatt angekündigt).
- Anmeldung für die Kurse organisieren.
- Teilnehmer-Evaluationsbögen vorbereiten (Seite 134).
- Kursleiter-Evaluationsbögen vorbereiten (Seite 137).
- Kursleiter suchen, diese ggf. mit dem Konzeptansatz vertraut machen, Sinnhaftigkeit von Evaluation besprechen, die Evaluationsbögen mit den Kursleitenden besprechen, ggf. modifizieren.
- Kurse durchführen.
- Anfangs- und Endbefragungsergebnisse der Kursteilnehmer zusammenstellen, auswerten und dem Unternehmen anonym rückmelden.
- Befragung der Kursleitenden auswerten, Schlussfolgerungen daraus ziehen und dem Unternehmen rückmelden.

4.3 PHASE 3: BEISPIELE, PROJEKT AUFSETZEN, EINORDNUNG/FAZIT

Die nachfolgende Beschreibung verschiedener Herangehensweisen und Umsetzungsverfahren vermittelt dem externen Berater eine Vorstellung davon, was erfolgreich ist, wo es Schwierigkeiten geben kann, weshalb etwas trotz besten Willens und guter Vorbereitung nicht oder nur nach langer Zeit klappt.
Diese Muster einer Institutionalisierung sind in Abhängigkeit von der jeweilig vorgefundenen betrieblichen Situation – ggf. modifiziert – geeignet, als Good Practice-Beispiele übernommen zu werden, um die Umsetzung von Grundbildung als Element betrieblicher Personalentwicklung zu erleichtern und voranzutreiben.

Der Weg zum Mitarbeiter führt über die Vergemeinschaftung des Anliegens. Wie aber gelingt diese Vergemeinschaftung?
In der Regel gelingt sie, wenn das Vorhaben als innerbetriebliches Projekt gesehen wird, dessen Umsetzung durch verschiedene Aktivitäten ermöglicht wird. Der Umfang dieser Aktivitäten wiederum ist nicht zuletzt abhängig von der Größe des Unternehmens. Mögliche Aktivitäten sind auch unter „Die schriftliche Vereinbarung", Seite 66-68, beschrieben. Als zielführend haben sich bei GRAWiRA folgende Aktivitäten erwiesen:

- Artikel in Mitarbeiterzeitungen, die auf ein entsprechendes Vorhaben hinweisen und dieses begründen,
- Informations-/Weiterbildungsangebote für Multiplikatoren,
- Informationsgespräche mit den direkten Vorgesetzten der geringer qualifizierten Mitarbeiter, um sie mit ins Boot zu holen und ihnen Material an die Hand zu geben, mit dem sie ihre Kollegen motivieren können.
- Das Erfassen von Weiterbildungswünschen durch den Betriebsrat/die Mitarbeitervertretung/die direkten Vorgesetzten oder alternativ: den geringer qualifizierten Mitarbeitern das Portfolio Grundbildungsangebote vorstellen und sie eine Auswahl treffen lassen.
- Gezielte Werbung für von Mitarbeitern bevorzugte berufsrelevante Grundbildungsangebote und/oder fachbezogene Grundqualifikationsangebote.
- Ist das Unternehmen sehr groß und beschäftigt es einen hohen Anteil geringer qualifizierter Mitarbeiter, ist es so gut wie unerlässlich, einen internen Projektantrag an die Geschäftsführung zu stellen (Projekt aufsetzen) und erst nach Genehmigung des Antrags an die Umsetzung der im Antrag dargestellten Schritte zu gehen.

Die beschriebenen Beispiele aus der Praxis sind auch geeignet, ein Bild von der erforderlichen Sensibilität, den ggf. erforderlichen Schleifen und den endgültigen Schritten zu geben, mit der die Umsetzung geschehen muss, damit sie gelingt (gelingen kann).
Die Beispiele zeigen, wie es GRAWiRA gelang, die Sensibilisierung für die Zielgruppe bei den kooperierenden Unternehmen und den jeweils involvierten Multiplikatoren zu erhöhen, die Vorteile ihrer Unterstützung zu erkennen, nach

Realisierungswegen zu suchen und die Implementierung von Grundbildungsangeboten zum Erwerb arbeits- und berufsrelevanter Grundqualifikationen anzugehen.

Während in kleineren Betrieben die Rolle des Mittlers, des Ansprechpartners, der Vertrauensperson von der Geschäftsführung wahrgenommen werden kann, sind es in größeren Unternehmen eher die Betriebsräte oder Personalentwickler. Es können aber auch die Beschäftigten selbst sein, die sich z.B. in einem Artikel einer Mitarbeiterzeitung als unsicher in der Rechtschreibung „geoutet" haben. Ohne diese betrieblichen Multiplikatoren läuft nichts. Gemeinsam mit ihnen war und ist es möglich, Wege zur Erreichung der Zielgruppe zu suchen und zu finden.

Um es gleich vorwegzusagen – es gibt nicht *den* einen Weg, weil jedes Unternehmen strukturbedingt spezifische Vorgehensweisen entwickeln muss. Wenn der Akquisiteur sich aber über die „typischen" **Voraussetzungen** im Klaren ist und sicherstellt, dass die **Gelingensbedingungen** berücksichtigt werden und die **förderlichen Faktoren** in die Überlegungen mit einbezogen werden, lässt sich der Weg planen, bereiten, gehen – und er führt zum Mitarbeiter!

Voraussetzungen für den Erfolg

Das Unternehmen

– ist sich der zukünftigen Herausforderungen durch die demografische Entwicklung bewusst;

Barbara Möller, Christian Unger, HA vom 22.06.2010 ….„Kaum ein Faktor gilt als so entscheidend für ein Land wie die Demografie. Wie viele Kinder geboren werden, wie viele Menschen arbeiten können und wie alt die Menschen werden – das sind Wegweiser für die wirtschaftliche Stärke eines Landes, aber auch für seine Werte und politische Kultur….Der dauerhaft niedrigen Geburtenrate steht ein bemerkenswerter Anstieg der Lebenserwartung gegenüber…."
Quelle: Ergebnisse des Seminars für Wirtschafts- und Sozialstatistik an der Universität Köln

– will die Fluktuation so gering wie möglich halten – hat Interesse daran, die Mitarbeiter an sich zu binden;
– weiß hohe Motivation der Mitarbeiter zu schätzen bzw. möchte diese erhöhen;
– strebt die Nachbesetzung höherer Positionen aus den eigenen Reihen an;
– hat ein Interesse daran, die Veränderungsbereitschaft und -kompetenz der Mitarbeiter zu erhöhen;

- möchte die Anzahl von Arbeitsunfällen und die Verletzungen von Sicherheitsvorschriften so gering wie möglich halten sowie Fehltage der Mitarbeiter aufgrund von Unsicherheiten und körperlichen Beschwerden reduzieren;
- ist bestrebt, sich durch qualitativ gute Dienstleistung vom Konkurrenten abzuheben;
- interessiert sich für die arbeitsplatzbezogenen und mitarbeiterbezogenen Weiterbildungsbedarfe;
- sieht auch Bildung und Chancengleichheit als Schlüssel zum Erfolg und möchte seine soziale Verantwortung wahrnehmen.

Gelingensbedingungen

- Unternehmenssicht und Mitarbeitersicht zusammenführen
- Rahmenbedingungen akzeptieren/Implementationsbedingungen einbeziehen
- Gegebenenfalls Teilziele entwickeln
- Ausreichende Abstimmung mit den Multiplikatoren/Mittlern
- Praxisrelevanz/Lebensweltbezug/Interessenlage der MA einbeziehen
- Berücksichtigung der Ausgangslage der geringer qualifizierten Mitarbeiter im jeweiligen Unternehmen, Zielgruppe einbeziehen, nach Weiterbildungswünschen befragen bzw. im ersten Schritt Vorschläge unterbreiten und von der Zielgruppe eine Auswahl treffen lassen und im zweiten Schritt nach neuen zusätzlichen interessengeleiteten Themen fragen, Wahlmöglichkeit lassen
- Erfolge in Mitarbeiterzeitungen publizieren
- Zeiträume festlegen, regelmäßig Angebote machen, aber nicht mit Angeboten überschütten
- Ergebnisse der Evaluation anonymisieren und mit dem Multiplikator besprechen
- Fragen, welche Unterstützung das Unternehmen/die Multiplikatoren benötig(t)en
- Definition gelungenen Lernens durch die Teilnehmenden selbst erstellen lassen
- Zielerreichung durch sie selbst überprüfen lassen, aber auch neue gewonnene Kompetenzen, hinzugewonnenes Wissen und Können durch Fragen an die Teilnehmer bewusst machen und den „Transfer" zum Thema machen

Förderliche Faktoren

- Gute Erfahrung bei früheren Weiterbildungsangeboten z.B. für Vorarbeiter und Kraftfahrer weckt evtl. Zuversicht, dass Grundbildungsangebote von den geringer qualifizierten Mitarbeitern angenommen werden
- Vorherige Definition der Ziele für das Vorhaben durch Mitarbeiter der Personalabteilung und den externen Dienstleister
- Unterbreitung des Vorhabens an Personalleitung, Führungskräfte und Personalrat als unternehmensinternen „Projektauftrag" (Einwerben des Vorhabens als Projektauftrag und Durchführung in Form einer Projektorganisation)
- Bereitschaft der Führungskräfte, die Ziele des Vorhabens zu unterstützen
- Erteilung des Projektauftrages durch Führungskräfte und Personalleitung als Rückendeckung für die Projektgruppe
- Rückendeckung ermöglicht weitgehend selbstständiges Agieren

- MOVE: **M**otivation, **O**ffenes Ohr, **V**ertrauen der Mannschaft und Projektgruppenmitglieder und **E**insatzbereitschaft der betriebsinternen Projektmitglieder und deren (hohe) Motivation
- Mitarbeit durch gewerbliche Kollegen und Multiplikatoren aus dem Betrieb
- Disziplinierte Arbeitsweise mit regelmäßigen Treffen und zuverlässiger Teilnahme
- Gute Vorbereitung der Projektsitzungen sowie Nachbereitung und Moderation der Sitzungen
- Vielseitige interne Werbemaßnahmen
- Keine Kursgebühren oder andere direkte Kosten
- Gute Erfahrungen bei anderen Unternehmen
- Logistische Bewältigung der Kurse durch den Dienstleister
- Kontaktpflege und Kommunikation mit den Multiplikatoren durch den Dienstleister

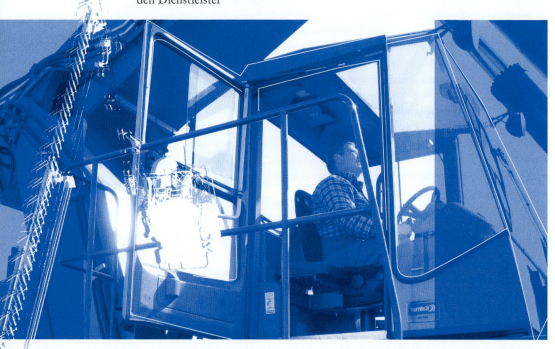

Erschwerende Faktoren

- Arbeitsaufwand der Projektgruppe insgesamt hoch
- Zusätzlicher Arbeitsaufwand für Projektmitglieder
- Unter Umständen lange Anfahrtswege zum Ort der Treffen
- Einbauen der Sitzungen in den täglichen Arbeitsablauf
- Hoher Abstimmungsaufwand wegen häufiger Einbeziehung möglichst aller Projektmitglieder und der internen Auftraggeber und der Abteilung für Öffentlichkeitsarbeit bei Zwischenständen und endgültigen Entscheidungen
- Vereinzelte Skepsis (was soll das?)

4.3.1 BEISPIEL 1: „DER WEG ZUM MITARBEITER"
DURCH BERUFSRELEVANTE GRUNDBILDUNGSANGEBOTE

Die Kooperation mit einem Wohnungsbauunternehmen

Die Sozialmanagerin des Unternehmens konnte die Geschäftsleitung davon überzeugen, dass es Sinn mache, für den Bereich gewerblicher Mitarbeiter Grundbildungsangebote in den Katalog betrieblicher Weiterbildungsangebote aufzunehmen. Ihre Begründung: Deren Ausbildung lag schon länger zurück, sie hatten sich in ihrer unkündbaren Stellung eingerichtet, griffen Veränderungsvorschläge nur ungern auf, ihre Schriftstücke ließen Unsicherheiten in der Rechtschreibung und im Ausdruck erkennen, und ihr war deutlich geworden, dass die Mitarbeiter Angst vor neuen Herausforderungen hatten. Der von der Geschäftsleitung informierte Betriebsratsvorsitzende war jedoch der Meinung, dass seine Kollegen keinen Weiterbildungsbedarf im Bereich Grundbildung hätten. Auf die Frage, wie es denn mit PC-Kenntnissen bei den Mitarbeitern im gewerblichen Bereich aussehe, gab er jedoch zu, dass es absehbar sei, dass diese mittelfristig ebenfalls ihre Arbeit am PC dokumentieren müssten: „... und das nimmt ihnen vielleicht ein bisschen die Angst davor." In Kooperation mit ihm erstellte GRAWiRA einen Werbezettel für einen PC-Kurs, der alle erforderlichen Daten enthielt und das Engagement des Betriebes hervorhob, welches es ermögliche, den Kurs für die Teilnehmenden kostenlos anzubieten.
Der Werbezettel wurde der Geschäftsleitung vorgelegt, die jedoch die Beschränkung auf „Mitarbeiter im gewerblichen Bereich" bemängelte, weil sie befürchtete, dass andere sich ausgeschlossen oder „die Gewerblichen" sich stigmatisiert fühlten. Die neue Formulierung lautete deshalb: „Für alle, die keinen PC-Arbeitsplatz haben."
Betriebsrat und Sozialmanagerin waren davon überzeugt, dass es nicht ausreichend sei, den Werbezettel einfach zu verteilen. Es müsse gelingen, die Meister und Teamleiter als „betriebliche Multiplikatoren" zu gewinnen und sie als Werber, Ermunterer, Unterstützer, Überzeuger und ggf. als Mitmacher einzubinden. Dazu wurde ein gemeinsamer Termin festgesetzt, an dem GRAWiRA diesen Multiplikatoren das Projekt und sein Anliegen vorstellte, die Mindmap „f i t" (siehe Seite 25) erläuterte und Argumente für die Erfordernisse lebensbegleitenden Lernens vorstellte. Eine mitgebrachte Hyazinthe (im Frühjahr) oder eine Blume mit Knospen verdeutlichte das Bild vom Menschen und der Weiterbildung: Nur wenn die Hyazinthe/die Blume regelmäßig gegossen wird, können sich ihre Knospen entfalten.

Die Zwiebel verbirgt noch, was einmal daraus wird. Das ist mit dem Lernen genauso: Man kann noch nicht sagen, was bei Ihnen noch alles wachsen kann. Es ist allerdings wichtig, dass Sie regelmäßig „gießen"! Nehmen Sie also Angebote zum Lernen und Weiterkommen wahr!

Der BMBF-Flyer „Berufliche Weiterbildung" enthält den Text: „Lernen begleitet unser Berufsleben" und erläutert die Bedeutung lebensbegleitenden Lernens für den Beruf und auch für das Leben anhand der drei Sequenzen

– Berufliche Weiterbildung sichert Arbeitsplätze (siehe Kasten Seite 24)
– Berufliche Weiterbildung – worum geht es?
– Lebensbegleitendes Lernen

und ist unter www.bmbf.de/pub/berufliche-weiterbildung-flyer.pdf abrufbar.

Die Unterlagen kamen bei den Teamleitern und Meistern sehr gut an und wurden, zusammen mit den anderen präsentierten Unterlagen, mitgenommen, um sie für ihren eigenen „Werbefeldzug" im Team zu nutzen.
Der Aufwand hat sich gelohnt: 10 von insgesamt 34 Beschäftigten im gewerblichen und Hausverwaltungsbereich meldeten sich an. Sie wurden vom Kursleiter telefonisch interviewt bezüglich Vorkenntnissen, Lernwünschen, eigenem PC. Während der insgesamt zehn Termine à drei Unterrichtsstunden (nach der Arbeit!) wurden sie auch mit dem Lernportal www.ich-will-lernen.de bekannt gemacht. Es gab eine Anfangs- und Endbefragung, wie sie in allen GRAWiRA-Kursen durchgeführt wird, hier erweitert um Fragen zum Lernen am anderen Ort und zu ihrer Meinung zum Lernportal. Die Evaluierung erbrachte sehr positive Ergebnisse:

Was war für Sie besonders wichtig?

– die Sicherheit
– individuelle Hilfeleistung
– jederzeit Fragen stellen zu können
– am eigenen PC arbeiten zu können
– kurzer Anfahrtsweg
– etwas sicherer im Umgang mit dem PC zu werden

Später baten vier weitere Mitarbeiter darum, doch auch eine Schulung zu bekommen, da sie beim ersten Mal aus zeitlichen oder persönlichen Gründen nicht teilnehmen konnten. Im darauffolgenden Jahr gab es eine Fortsetzung des Angebotes.

4.3.2 BEISPIEL 2: „DER WEG ZUM MITARBEITER" DURCH FACHBEZOGENE GRUNDQUALIFIKATIONSANGEBOTE

Die Kooperation mit einem Reinigungsunternehmen

Der Inhaber eines größeren Reinigungsunternehmens erkennt im ersten Gespräch die Chance, die Mitarbeiter seines Unternehmens nicht nur anzulernen, sondern zu qualifizieren. Seine Erwartung: Das verbessert ihre fachliche Kompetenz, stärkt zugleich ihr Selbstwertgefühl (das durch das niedrige Image der „Putze" leidet), (re-)aktiviert Gedächtnisleistung und Lernkompetenz, bindet sie an das Unternehmen, das etwas für sie „tut", verringert – so die Hoffnung – die in dieser Branche hohe Fluktuation und ermöglicht ggf. die Nachbesetzung von Objekt- oder Teamleitern aus den eigenen Reihen. Wird das Gelernte in die Praxis umgesetzt, ist von einer erhöhten Kundenzufriedenheit auszugehen.
Die Objektleitungen werden kurz über die Möglichkeit eines geplanten Qualifizierungsangebotes „Unterhaltsreinigung" informiert und gebeten, Mitarbeiter dafür zu werben. Da die Vorlaufzeit recht kurz ist und das ganze Vorhaben skeptisch gesehen wird, gelingt es nur zwei von fünf Objektleitern, zwei Mitarbeiterinnen und zwei Mitarbeiter für das Angebot zu gewinnen. Die Qualifizierung wird von einer Hauswirtschaftsmeisterin durchgeführt, eine zweite Kursleiterin nimmt als teilnehmende und protokollierende Beobachterin[14] teil. Auch die beiden Objektleiter möchten bei der Qualifizierung mitmachen, dies wird von GRAWiRA begrüßt, weil dadurch sichergestellt wird, dass die vermittelten Inhalte für das Reinigungsunternehmen wirklich relevant sind. Für die Mitarbeiter stellt die Anwesenheit einerseits eine Belastung dar, da sie sich „beobachtet" fühlen, andererseits schafft sie Nähe zu den Leitern, die als positiv empfunden wird. Sowohl die Qualifizierungsteilnehmer als auch die Objektleitungen klagen über das schlechte Image derer, die im Reinigungsgewerbe tätig sind. Sie wünschten sich die aufwertendere Berufsbezeichnung **„Servicekraft" im Reinigungsgewerbe**. Da passte es gut, dass die Kursleitung während der Qualifizierung folgendes Zitat von Martin Luther King fand:

„Keine Arbeit ist unbedeutend. Jede Arbeit zum Nutzen der Menschheit hat ihre Würde und Wichtigkeit, und jede sollte mit dem steten Streben nach Vollkommenheit getan werden."
Martin Luther King (1929–1968)

Es beeindruckte die Qualifizierungsteilnehmer sehr. Die darin zum Ausdruck kommende Wertschätzung und Bedeutung jedweder Arbeit machte sie froh und stärkte sie. Sie können das Zitat nutzen, wenn sich jemand geringschätzig über ihre Arbeit äußert.

---

[14] Ein Verfahren, das sich sehr bewährt hat, wenn es erstmals darum geht zu erfassen, wo die Probleme der Kursteilnehmer liegen, wie darauf zu reagieren, was zu vertiefen, wo zusätzliche Förderung notwendig ist.

Die Qualifizierung ist – wie die Schlussbefragung zeigt – ein voller Erfolg. Sagte einer der Teilnehmer am Anfang noch:

„Eigentlich weiß ich nicht, warum ich hier mitmache. Die, die nicht mitmachen, kriegen auch ihr Geld",

so kommentiert er abschließend:

„Ich bin weitergekommen, ich möchte weitermachen, dabeibleiben, Vorbild für meine Tochter sein."

Wie aber kann es gelingen, für einen nächsten Qualifizierungsdurchgang nicht nur vier, sondern zwölf Mitarbeiter zu gewinnen? Gemeinsam mit dem Serviceleiter wird folgende Vorgehensweise erarbeitet: Um die Objektleitungen verstärkt mit „ins Boot" zu holen, werden sie ins Grundbildungszentrum eingeladen. GRAWiRA und seine Ziele werden vorgestellt. Alle an der ersten Qualifizierung Beteiligten berichten von ihren Erfahrungen, die Ergebnisse der Anfangs- und Endbefragung werden präsentiert, und die Methode „Story Line" wird vorgestellt, mit der in der zweiten Qualifizierung gearbeitet wird. Der Entwurf des Werbezettels, der den Lohnabrechnungen beigefügt werden soll, wird gemeinsam abgestimmt. Die Atmosphäre ist offen, die Objektleitungen haben „Feuer gefangen". Es scheint sicher, dass sie, wenn nicht genügend Anmeldungen aufgrund der Werbezettel eingehen, persönlich und gezielt ihre weitverstreut arbeitenden Mitarbeiter ansprechen und ggf. die ehemaligen Teilnehmer unterstützend beteiligen werden. Trotzdem gelingt es auch in dieser Runde, nur fünf Mitarbeiter für die Qualifizierung zu gewinnen. Da das Unternehmen aus Kostengründen für seine 500 Mitarbeiter weder eine Weihnachtsfeier noch ein Sommerfest veranstaltet, die zu reinigenden Objekte weitverstreut liegen, auf jeden Objektleiter rund 100 (auch Teilzeit-)Reinigungskräfte kommen, ist nachvollziehbar, wie schwer es ist, über eine direkte Ansprache die Mitarbeiter zu motivieren. Für die dritte „Runde" warten jetzt sieben Mitarbeiter auf den Beginn der Qualifizierung.

4.3.3 BEISPIEL 3: „DER WEG ZUM MITARBEITER" DURCH WEITERBILDUNGSANGEBOTE FÜR MULTIPLIKATOREN

Die Kooperation mit einer Handelskette

In Absprache mit der Geschäftsleitung einer größeren Handelskette sind der Personalentwickler und die Sprecherin der Mitarbeitervertretung (MAV) als betriebsinterne Multiplikatoren aktiv. Intern wird beschlossen, dass sämtliche Mitarbeiter durch drei aufeinanderfolgende Artikel (VHS, Universität und „Betroffene") in der Betriebszeitung über die Beteiligung des Unternehmens an GRAWiRA informiert werden. Die Sprecherin der MAV wird in allen drei Artikeln als Vertrauensperson benannt. Drei Beschäftigte bekunden Interesse, eine Mitarbeiterin wird von der MAV begleitet, als es darum geht, sich im Grundbildungszentrum der Hamburger Volkshochschule beraten zu lassen. Sie nimmt dort inzwischen an einem regulären Lese-/Schreibkurs teil. Doch das Unternehmen will mehr: Alle 15 MAV sollen mit den erarbeiteten Inhalten einer Multiplikatorenfortbildung zum Thema Grundbildung/Alphabetisierung vertraut gemacht werden, um Mitarbeiter gezielt unterstützen zu können.

Von den Mitarbeitern im Logistikbereich wird die Sprecherin der MAV gefragt: „Und was tut ihr für uns?" Als sie einen PC-Kurs vorschlägt, ist die Begeisterung groß. Fünfzehn von hundert Mitarbeitern melden Interesse, zwölf Mitarbeiter nehmen letztendlich teil. Damit der Bildungsanbieter den Kurs dann tatsächlich am Standort des Lagers durchführen kann, bringt er selber mobile Laptops mit, nachdem eine Anschaffung durch die Firma zunächst abgelehnt wurde. Der Anschluss ans Internet ist jedoch nicht möglich. In einem Gespräch mit der Projektleitung wird geklärt, dass pro Woche an zwei Tagen jeweils ein Kurs stattfindet. Für den einen Kurs liegt der beste Zeitpunkt am Ende der Schicht und für den zweiten Kurs vor Beginn der Schicht.

Da die Mitarbeiter natürlich auch Erfahrungen mit Internet und E-Mails etc. sammeln wollen, beschließt die Leitung des Lagers schließlich, die Anzahl vorhandener und vom unternehmensinternen Netz unabhängiger, aber internetfähiger PC zu vergrößern und fest in einem Raum zu installieren. Mittelfristig lässt sich hier die Idee des Lerncafés verwirklichen. Die bereits an anderer Stelle erwähnte Lernplattform www.ich-will-lernen.de ermöglicht computergestütztes und selbstgesteuertes Lernen auch zu Hause und zu anderen Wissensgebieten. Der Kursleiter fungiert dabei als Lernbegleiter, die Lernplattform wird vom BMBF finanziert, Online-Tutoren geben bei Bedarf (kurszeitenunabhängig) ebenfalls Hilfestellung.

Da trifft es sich gut, dass die bei der Sitzung verteilten Werbeblätter für Deutsch- und Englischkurse, die bei einem anderen Unternehmen erfolgreich genutzt werden, bei diesem Gespräch ebenfalls auf Interesse stoßen, denn die Lernplattform unterstützt auch diese Lernfelder. Aber die Durchführung kann nicht parallel stattfinden. Es geht nur „eins nach dem andern". Dazu bedarf es dann außerdem erneut einer internen Werbekampagne, für die sich die Mitarbeitervertretung als interne Mittlerin stark macht: Für diese zweite Runde hat das Unternehmen einen Raum mit vier PC ausgestattet, weitere fünf Mitarbeiter aus dem Lager melden ihr Interesse an einem Deutschkurs, vier an einem Englischkurs.

4.3.4 BEISPIEL 4: „DER WEG ZUM MITARBEITER"

Die Kooperation mit einem Garten-und Landschaftsbauunternehmen

Der Geschäftsführer einer Zweigniederlassung mit rund 30 Mitarbeitern hat beim Erstgespräch sofort Mitarbeiter im Kopf, für die eine Unterstützung im Lesen und Schreiben sinnvoll wäre. Der eine Mitarbeiter meldet sich immer dann krank, wenn er an einem anderen als dem gewohnten Arbeitsplatz arbeiten soll. Er ist jedoch schon Mitte 50, und die vertrauensvolle Frage des Leiters, ob er Interesse an einem Kurs habe, verneint er. Erfahrungsgemäß steckt dahinter die Angst, es nicht zu schaffen, die damit einhergehenden Veränderungen – auch im Privatleben – nicht durchzustehen (z.B. kann die Rollenverteilung in einer Partnerschaft dadurch ins Wanken geraten). Der Geschäftsführer seinerseits befürchtet, dass der gute, zuverlässige, arbeitswillige Mitarbeiter und zugleich freundliche Anleiter für neu eingestellte „Helfer" kündigt, wenn er, der Geschäftsführer, nachhakt oder gar auf einer Kursteilnahme beharrt.
Der zweite Mitarbeiter ist noch in der Probezeit und könnte beim Berufsförderungswerk anschließend eine Ausbildung machen. Er ist nicht abgeneigt, als ihm der Geschäftsführer von einem möglichen Lese-/Schreibangebot erzählt. Sein Arbeitsverhalten lässt jedoch erneut zu wünschen übrig, sodass der Geschäftsführer ihm kündigt, ehe ein Kurs verwirklicht wird.
Der Geschäftsführer kann sich gut vorstellen, dass seine Mitarbeiter Interesse an einem PC-Kurs haben, und ist bereit, die büroninternen PC zur Verfügung zu stellen und durch zwei internetfähige Laptops zu ergänzen. „Der Winter ist für eine Schulung ideal, da haben wir in der Regel nicht ganz so viel zu tun, und Überstunden aus dem Sommer können abgebummelt werden." Klingt gut – doch der Winter des Jahres 2009/2010 ist länger und strenger als je zuvor und vereitelt die gute Absicht. Nun hoffen alle, dass der Herbst die ersehnte Umsetzung ermöglicht.

4.3.5 BEISPIEL 5 - GOOD PRACTICE FÜR EIN GRÖSSERES UNTERNEHMEN: „DER WEG ZUM MITARBEITER" DURCH BERUFSRELEVANTE GRUNDBILDUNGSANGEBOTE

Die Kooperation mit der Stadtreinigung Hamburg

Erste Gespräche zwischen dem Projektteam GRAWiRA und dem Bereich Personalentwicklung der Hamburger Stadtreinigung ließen den Schluss zu, dass die Kooperation Erfolg versprechend sein und zu einer Win-win-Situation für beide Partner führen würde.
Entsprechend der Systematik der Stadtreinigung Hamburg wurde daraufhin von ihrer Abteilung Personalentwicklung die als sinnvoll erachtete Projektstruktur überlegt und diese neben der Ausgangslage, der Beschreibung des Auftrags, des Projektziels, möglicher Chancen und Risiken in einem Projekt**auftrag** mit dem

Titel „Weiterbildungsangebote für gewerbliche Beschäftigte/Mehr gewerbliche Mitarbeiter"[15] dargelegt und den Verantwortlichen zur Genehmigung vorgelegt. Da der Projektauftrag Akquisiteuren als Muster dienen kann, wird er nachfolgend etwas ausführlicher dargestellt.

Ausgangslage und Auftrag (Kurzbeschreibung)

Ausgangslage: Die Stadtreinigung Hamburg ist das kommunale Entsorgungsunternehmen der Freien und Hansestadt Hamburg. Sie trägt die Verantwortung für die Müllabfuhr im gesamten Stadtgebiet, das Entsorgen von zusätzlichen Abfällen jeglicher Art, die Straßen- und Gehwegreinigung und den Betrieb von 14 Recyclinghöfen. Das Unternehmen hat rund 2.400 Mitarbeiter, von denen ca. 1.500 Mitarbeiter zur Zielgruppe „geringer qualifizierte Mitarbeiter" gehören, hier definiert als Mitarbeiter, die keine Berufsausbildung haben oder seit mehr als vier Jahren in einer angelernten Tätigkeit arbeiten.
Zuständig für Fort- und Weiterbildungsmaßnahmen ist die Personalentwicklung, die auch Ansprechpartner für das Projektteam GRAWiRA war. Die Personalentwicklung ist zentral organisiert und betreut alle Betriebseinheiten.
Die Stadtreinigung Hamburg (im folgenden SRH genannt) betrachtet die Weiterbildung gewerblicher Mitarbeiter als nützlich. Viele der gewerblichen Mitarbeiter haben zunehmend Probleme, die Veränderungen der SRH mitzugehen und mitzutragen. Dies hängt u.E. auch damit zusammen, dass viele nicht mehr trainiert sind, Neues zu lernen; denn Umgang mit Veränderungen ist immer auch Lernen des Umgangs mit Neuem. Die Veränderungsprozesse/der Umgang mit Neuem sind gerade für lernungewohnte Mitarbeiter eine Herausforderung, die zur Verunsicherung und Leistungsbeeinträchtigung führen kann. Sie stellen jeweils eine Lernsituation dar, die von den Mitarbeitern durch Weiterbildung besser bewältigt werden kann. Sie können sich dadurch besser auf Veränderungen einstellen und diese nachvollziehen. Wie jedes Unternehmen unterliegt die SRH einem kontinuierlichen Veränderungsprozess; ein Umstand, der sich auch in Zukunft nicht ändern wird.

Auftrag: Konzeption, Bedarfsermittlung, Vorbereitung, Kommunikation (Beratung und Marketing), Durchführung und Begleitung sowie Nachbereitung und Evaluation von Maßnahmen zur Auffrischung von Basisqualifikationen (insbesondere) geringer qualifizierter Mitarbeiter. Diese Basisqualifizierung ist freiwillig und soll i.d.R. in der Freizeit stattfinden.

---
[15] Selbstverständlich sind immer männliche und weibliche Mitarbeiter gemeint.

Angedachte Themen/Bereiche der Grundqualifizierung:

1. Deutsch (mündlich und schriftlich)
2. Lernen lernen (wie erlerne ich leichter neues Wissen und Fähigkeiten)
3. PC-Grundlagen (MS Office, Lotus Notes, Internet)
4. Kommunikation (Kommunikationsgrundlagen, Umgang mit Konflikten)
5. Angebot zur individuellen Bildungsberatung.

Die Maßnahmen sollen mit/von einem externen Partner (GRAWiRA) durchgeführt werden, der hierfür Lehrpersonal und Fördermittel zur Verfügung stellt.

Projektziel

Wir haben ein Basisqualifizierungsangebot für geringer qualifizierte Mitarbeiter konzipiert und realisiert, und wir haben mit Führungskräften der Regionen über Sinn und Ziele von geeigneter Weiterbildung im gewerblichen Bereich gesprochen. Bei entsprechender Bereitschaft haben wir tätigkeitsbezogene Schulungsmaßnahmen initiiert und durchgeführt.
Das Projekt fördert die kontinuierliche Weiterbildung der gewerblichen Mitarbeiter und leistet einen positiven Beitrag zu „unserem" Balanced-Scorecard-Ziel: „dauerhaftes Können, Wollen und Machen der vereinbarten Arbeit".

Chancen

Verbesserung der Basisqualifikationen bei gewerblichen Mitarbeitern, Aktivierung und Erhöhung der individuellen Lernbereitschaft, Verbesserung der Lernleistung und der Arbeitsqualität, Signal der Wertschätzung und Wichtigkeit von Entsorgern, Erhöhung der Bereitschaft zum Mittragen von Veränderungen, Nutzung der zur Verfügung stehenden Mittel/Personen von GRAWiRA, geringer Aufwand für die Stadtreinigung Hamburg

Risiken

Geringe Annahme der Angebote zur Basisqualifizierung in der Freizeit, mögliche negative Stimmung durch destruktive interne Kommunikation, Weckung unrealistischer individueller Entwicklungserwartungen

Projektstruktur

Der Projektantrag ist in **Stufe 1** „Erstellung des Grobkonzepts und der Wirtschaftlichkeitsberechnung" und **Stufe 2** „Realisierung des Projektes" aufgeteilt. Die verantwortliche Projektgruppe setzt sich zusammen aus einer Projektleitung, zwei Mitarbeitern der Personalentwicklung, evtl. einer zweiten Projektleitung aus den Regionen, einer Führungskraft je Region, einem gewerblichen

Mitarbeiter je Region, ein bis zwei Personalräten, zwei Mitarbeitern von GRA-WiRA (externer Partner).

Die Projektgruppe arbeitet eng mit den Verantwortlichen der Abteilung Öffentlichkeitsarbeit zusammen und ist der Steuerungsgruppe (vier Regionalleiter, eine Personalleiterin, eine Stellvertretung, Personalratsvorsitzender und freigestellte Personalratsmitglieder) zur Berichterstattung verpflichtet.

Empfohlenes weiteres Vorgehen
Bestätigung des Projektauftrages, Gründung der Projektgruppe, Erarbeitung eines Grobkonzepts, Erarbeitung eines Feinkonzepts zu Grundqualifizierungen, Realisierung des Projekts

Terminvorschläge: (abhängig vom Zeitpunkt der Erteilung des Projektauftrags)

Antrag: Hiermit bitten wir um Bestätigung des oben formulierten Projektauftrages.

Ort, Datum

_____

Unterschrift

_____

Die Durchführung des Projektes

Nach Bestätigung des Projektauftrages nahm die Projektgruppe im Januar 2010 die Arbeit auf. In den Projektsitzungen wurden die jeweiligen Arbeitsschritte abgestimmt, Aufgaben zugeordnet und die Umsetzung eingeleitet.

Die Meilensteine für Phase A

– Artikel für Betriebszeitung (Seite 133), Flyer „Lernen macht Spaß" (Seite 127)
– Erstellen eines Kursplanes für das erste Halbjahr mit acht inhaltlich verschiedenen Kursangeboten incl. Angabe der Kursorte, Tage und Zeiten, Abgabetermin für Interessenbekundung (Formular Seite 129)

- Ausführliche Beschreibung des jeweiligen Kursangebotes mit Kontaktdaten für Nachfragen und Anmeldung sowie einen Anmeldebogen (Seite 130)
- Bestätigung der Anmeldung
- Im April 2010 starteten 20 Kurse mit 125 angemeldeten Teilnehmern. Die Kurse fanden überwiegend in Räumen der Stadtreinigung Hamburg und ausschließlich in der Freizeit der Teilnehmer statt.
- Interviews mit Kursteilnehmern durch Zeitungsredaktion, Veröffentlichung der Befragung unter dem Titel „Zusammen lachen und lernen".
- Zusammenstellung der Evaluationsergebnisse

Die Meilensteine der Phase B

- Schlussfolgerungen aus mündlichen Aussagen des Betriebsrates und anderer Kursteilnehmer (auch Kurse für Mitarbeiter der Recyclinghöfe durch spätere Anfangszeiten, weitere Interessenbereiche)
- Vorbereiten der Angebote für das zweite Halbjahr
- Interessenerkundung
- Austeilen der Anmeldebögen mit Angabe des Abgabetermins
- Beginn der Kurse des zweiten Halbjahres
- **Auszeichnung der Stadtreinigung Hamburg als „Vorbild der Weiterbildung" am Tag der Weiterbildung im September 2010**
- Gespräch mit der Steuerungsgruppe bezüglich der Sicherung der Nachhaltigkeit im November und ggf. Erweiterung der Angebote aufgrund von Wünschen der Vorgesetzten im Unternehmensinteresse
- Zusammenstellung der Evaluationsergebnisse aus dem zweiten Halbjahr Ende November
- Schlussfolgerungen für weitere Angebote im neuen Jahr

Die nachfolgende Dokumentation der Projektgruppensitzungen macht deutlich, was alles in einem großen Unternehmen bedacht und umgesetzt werden muss und welcher Zeitaufwand damit verbunden ist. Vieles davon ist auch für „kleine und mittlere Unternehmen" (KMU) nutzbar.

Aus der Dokumentation kann der Akquisiteur ggf. Aufgaben ersehen, die er zusätzlich in sein Leistungsangebot aufnehmen kann, wie z.B. Sicherung der internen Kommunikation.

Datum	Thema/Tagesordnung	Bearbeitete Module/Fragestellungen
01.12.2009	**Projektantrag**	Bestätigung des Projektes
14.01.2010	**1. Projektsitzung** Kennenlernen und gemeinsame Zielsetzung	– Kennenlernen der Teammitglieder – Teilnehmer an Projektsitzungen – Gemeinsame Zielsetzung – Wege zur Zielerreichung – Organisation der Zusammenarbeit
21.01.2010	**2. Projektsitzung** Konzept, Schulungen, Kommunikation: was, wie, wann, wo?	– Bedarfsanalyse – Konzeptvorbereitungen – Interne Kommunikation – Zeiten, Orte, Teilnehmerzahlen usw. für Schulungen – Themen und Niveau – Schulungsorganisation
02.02.2010	**3. Projektsitzung** Themenspeicher anlegen; Schulungsorganisation; Kommunikationsüberlegungen	– Themenspeicher anlegen für Zusatzthemen für spätere Schulungen – Schulungszeiten und -orte, Dauer und Häufigkeit der Kurse – Erste Überlegungen zur Kommunikation
04.02.2010	**4. Projektsitzung** Kommunikationskonzept; Schulungsinhalte und Flyer	– Schriftliche Kommunikation – Werbung und Marketing – Mündliche Kommunikation – Veranstaltungen/Versammlungen – Inhalt und Rahmenbedingungen der Kurse – Offene Fragen zu Sonderthemen
08.02.2010	**5. Projektsitzung** detaillierter Kommunikationsplan für schriftliche und mündliche Aktivitäten	– Vorbereitung Treffen mit gewerblichen Kollegen am 11.02. – Vorgehen und Inhalte: den richtigen Ton treffen, Interesse wecken – Vorgesetzte zum Mitmachen überzeugen – Info-Aktionen in den Regionen – Vorstellung Konzept obere Führungsebene – Auswahl Kommunikationsmittel – Zuständigkeiten/Organisation

»

Datum	Thema/Tagesordnung	Bearbeitete Module/Fragestellungen
11.02.2010	**6. Projektsitzung** Treffen mit den gewerblichen Kollegen	– Vorstellung Schulungsthemen, -orte und -zeiten vor o.a. Zielgruppe – Akzeptanz durch gewerbliche Kollegen erreicht – Einschätzung der Interessenlagen nach Regionen – Ergänzung Themenspeicher – Umgang mit Alphabetisierungskursen – Einsatz von Multiplikatoren – Unterstützung der Teilnehmer – Feedback/Kontaktpflege
17.02.2010	**7. Projektsitzung** Feedback zum 11.02.; Projektzeitplan und andere Termine	– Vorläufige Kurseinteilung incl. Mengen, Standorte und Zeiten – Arbeitsschritte nach Zeitplan – Vorbereitung „Regionen aktuell"-Runde am 02.03.10 mit konkreten Angeboten
24./25.02.2010	**8. und 9. Projektsitzung** Vorschlag Kurstableau; Organisation Anmeldeverfahren; Vertiefung Informationen	– Anmeldung über VHS, jedoch gesammelt im Personalbereich und Personalrat – Kurstableau und Raumfragen klären – Kurzpräsentationen des Angebotes in den Regionen – Erstellung und Verteilung Infoflyer
03.03.2010	**10. Projektsitzung** Konkrete Vorbereitung nach Einholung des „informellen" Auftrages durch die Regionen	– Feedback aus „Aktuell-Runde" mit den Regionen – Einverständnis der Regionen und Auftrag an die Projektgruppe zur Durchführung – Kurstableau fertig – Material für Anmeldeverfahren wird erstellt – Verantwortliche für Information in allen Bereichen werden benannt: wer informiert wann und wen? – Definition des einheitlichen Inhalts für Informationen

Datum	Thema/Tagesordnung	Bearbeitete Module/Fragestellungen
16.03.2010	**11. Projektsitzung** Organisation des Anmeldeverfahrens; Festlegung von Ansprechpartnern bei SHR und VHS; Kommunikation (PR)	– Zuständigkeiten und Zeitplan für Erfassung der Anmeldungen, Info über Kursbelegungen, Rückmeldungen an die Teilnehmer – Umgang mit der Warteliste – Umgang mit Mehrfachanmeldungen – Kommunikation mit Projektgruppe und Ansprechpartner in den Regionen – Terminprobleme für Teilnehmer lösen (freie Tage verlegen?)
25.03.2010	**12. Projektsitzung** Organisation der Kurse; Kursinhalte prüfen und ggf. ergänzen; Termine prüfen und festlegen; Informationsfluss sicherstellen intern/extern	– Raumplanung sicherstellen – Kursangebot und Auslastung auf Übereinstimmung mit Mitarbeiterwünschen überprüfen – Ggf. Zusatzkurse planen – Sicherstellung von Teilnahmebescheinigungen – Internen Infofluss sichern; Artikel für Mitarbeiterzeitung vorbereiten – Kursleiter und Vorgesetzte in den Regionen informieren – Einladung der Teilnehmer durch VHS organisieren – SRH-Mitarbeiter benennen für Begrüßung der Mitarbeiter beim Kursstart
08.04.2010	**13. Projektsitzung** Teilnahme am Wettbewerb beim Tag der Weiterbildung; Anmeldesituation/Kurskapazitäten; Kommunikation und Präsentation des Projektes	– Projekt als vorbildliche Maßnahme mit geeigneten Mitteln präsentieren – 110 Anmeldungen, teilweise Mehrfachmeldungen – Überprüfungen der Kapazitäten und Kursgrößen – Prioritätensetzung für Teilnahme – Einladungen/Teilnahmebestätigungen durch VHS
22.04.2010 Ende Phase A	**14. Projektsitzung** Kurse sind angelaufen – erste Resonanz aus den Regionen; interne Kommunikation; externe Präsentation des Unternehmens und des Projektes u.a. für Wettbewerb beim Tag der Weiterbildung	– Teilnehmer sind sehr zufrieden; Lernen nach der Arbeit wird als Herausforderung angenommen – Steuerungsgruppe wird über aktuellen Stand informiert – VHS liefert Daten und Fakten – Interne Kommunikation über Mitarbeiterzeitung „Hiev op" – Artikel mit Foto einer Kursgruppe – Teilnahme durch Überprüfung der Anfangszeiten und interne Zeitregelungen (z.B. Überstundenabbau) erleichtern – Kursangebot verändern/ergänzen?

»

Datum	Thema/Tagesordnung	Bearbeitete Module/Fragestellungen
03.05.2010	**15. Projektsitzung** Neue Kurse planen; Interessenabfrage einleiten; interne Kommunikation	– Neue Kurse/Neue Themen einplanen – Direktansprache fehlender Teilnehmer durch VHS – Kommunikation für „Regionen aktuell" vorbereiten
27.05.2010	**16. Projektsitzung** Interne Kommunikation abstimmen; Fragebogenaktion besprechen und erweitern; neue Kursthemen für Herbst 2010	– Präsentation für „Regionen aktuell"-Runde abstimmen – Mitarbeiterbrief in Info einbeziehen – Interessenabfrage – Rückläufe schleppend (zusätzliche Infokanäle nutzen) – Planung neuer Kursthemen incl. Einbeziehung bestehender Kurse für Herbst 2010 – Rückmeldung aus den Regionen und Mitarbeitervorschläge einbeziehen

Fortsetzung der Sitzungen im Juni und Juli

Die Umsetzung

Nach Ende der Projektphase Stufe 1 lagen folgende Produkte vor:
- Kursplan mit 8 inhaltlich verschiedenen Schulungsangeboten incl. Schulungsorten, Startterminen und Kursnummern (Seite 130)
- Ausführliche Beschreibung für jeden Kurs mit Angabe der Kontaktdaten für die Anmeldung
- Anmeldebogen
- Informationsmaterial: Flyer „Lernen macht Spaß" (Seite 127), Artikel für Betriebszeitung „Hiev op" (Seite 133) und Aushang.

Auch hier sind die Kursangebote grundsätzlich nicht statisch, sondern werden auf den Bedarf der Teilnehmer zugeschnitten bzw. von den Teilnehmenden mitgestaltet. Auch auf die persönlichen Belange der Mitarbeiter wird bei der Zeiteinteilung und den Kursorten weitestgehend Rücksicht genommen. Die Rückmeldungen der Mitarbeiter sind überwiegend positiv. Sich nach der Arbeit noch zum Lernen aufzuraffen kostete die Teilnehmer vermutlich aber auch Überwindung, die nicht alle bewältigten. Die Ermunterung der bzw. Nachfrage bei den Nichterschienenen wurde von den Kursleitenden übernommen.

Im Projektteam wurde vereinbart, dass sich die Kursteilnehmer regelmäßig an der Evaluierung beteiligen. Erste Rückmeldungen von Teilnehmern (z.B. spätere Anfangszeiten der Kurse für Mitarbeiter der Recyclinghöfe; weitere Interessenbereiche) wurden in künftige Planungen integriert. Eine erste Interessenabfrage am Ende des ersten Halbjahres klärte, welche Angebote im zweiten Halbjahr auf das besondere Interesse der Mitarbeiter stoßen.

Mittelfristig können sich zusätzliche Angebote durch Wünsche von Vorgesetzten aus Unternehmensinteresse ergeben.

4.3.6 GOOD PRACTICE EINER BRANCHE – EIN „NICHT"-GRAWIRA-BEISPIEL

Der Weg zum Mitarbeiter durch berufsrelevante Grundbildungsangebote – Anregungen aus der Grundbildungsinitiative des Dachverbandes französischer Reinigungsunternehmen OPCA FAF Propreté

(Auszug aus einem Interview von Maren Elfert, UNESCO-Institut für Lebenslanges Lernen, mit Bertrand Le Grix de la Salle, Vize-Präsident der OPCA FAF Propreté im Rahmen der zentralen Veranstaltung zum Weltalphabetisierungstag am 8. September 2009 in Berlin)

Propreté ist eines der größten Reinigungsunternehmen in Frankreich mit 417.000 Beschäftigten. Die Mittel für Weiterbildungs- und Professionalisierungsmaßnahmen werden vom Dachverband OPCA FAF Propreté (Organismes paritaires collecteurs agréés; Fonds d'assurance de formation) koordiniert und verwaltet.

– Die Initiative „Schriftsprachliche Kompetenzen am Arbeitsplatz", gestartet 1999 im Rahmen einer paritätischen Maßnahme, strebt die Verbesserung der Alphabetisierung in den Reinigungsberufen an. Dass sich die Arbeitgeber der Branche gemeinsam mit den Gewerkschaften des Problems mangelnder Grundbildung und Analphabetismus angenommen haben, stellte sich als entscheidend heraus, um der Entwicklung der Berufsbilder und den sich ändernden Anforderungen der Unternehmen folgen zu können.

– Im Zuge des Branchenabkommens von Oktober 2004 beschlossen die Sozialpartner, jährlich 5% des Weiterbildungsbudgets im Reinigungsgewerbe für die Alphabetisierung einzusetzen. Im Juni 2008 wurde dieser Beitrag auf 12% erhöht. Diese Entwicklung belegt, dass alle Partner die Vorteile dieser Maßnahme anerkennen. Denn das Reinigungsgewerbe ist ein Eingliederungssektor, der eine große Anzahl von Menschen mit geringer Grundbildung beschäftigt: 69,4% der dort Beschäftigten haben keinen Schulabschluss. Viele dieser Angestellten haben Verständnisprobleme und Schwierigkeiten, sich sprachlich auszudrücken, zu lesen oder zu schreiben. Daher sind sie oft nicht in der Lage, ein Logbuch zu führen, das Etikett eines Produkts zu lesen, Dosierungs- und Sicherheitsanweisungen zu lesen oder zu verstehen.

– Das Programm der Weiterbildung verteilt sich auf zehn bis vierzehn Monate und umfasst 250 Unterrichtsstunden, ein- bis zweimal pro Woche. Die Grundbildungsmaßnahme findet entweder im Unternehmen oder bei einem Bildungsträger statt.

– Die Weiterbildung stützt sich auf die Entwicklung eines speziellen Unterrichtskonzepts, welches das berufliche Vokabular und arbeitsplatzbezogene Texte (z.B. Logbuch, Produktblätter, Sicherheitsbestimmungen) einbindet. Außerdem wurde ein Netzwerk der Bildungsträger für den Austausch der branchenspezifischen Ansätze und der gesammelten Erfahrungen aufgebaut. Die Lehrmaterialien und -werkzeuge wurden gesammelt und auf einer CD-ROM zusammengestellt. So stehen die Erkenntnisse allen Institutionen im Netzwerk zur Verfügung. Jedes Jahr wird der Inhalt dieser CD-ROM auf den neuesten Stand gebracht. Weiterbildungsberater der FAF Propreté wurden ausgebildet, die Maßnahmen in den Unternehmen umzusetzen.

– Am Ende der Weiterbildung haben die Beschäftigten Basiskenntnisse im Lesen und Schreiben in Französisch erworben, unter Berücksichtigung der arbeitsplatzbezogenen Kontexte. Außerdem verfügen sie über bessere Fähigkeiten zum autonomen Handeln und zum Lernen, beruflich wie privat.

– Das Netzwerk der Bildungsträger wird durch das Beratungsunternehmen RÉCIF gesteuert. Insgesamt 35 Grundbildungsanbieter in Frankreich wurden auf die Maßnahme durch eine Fortbildung der Dozenten vorbereitet. Eine zweitägige Dozentenfortbildung wird von RÉCIF organisiert, um neue Anbieter in die Maßnahme einzuführen.

– Die Unternehmensleitung und die gesamte Unternehmenshierarchie müssen das Projekt unterstützen. Die Beschäftigten sollen freiwillig teilnehmen. Zwischen den drei Akteuren – Unternehmen, Bildungsträgern und Beschäftigten – wird ein individueller Vertrag geschlossen. Es ist von fundamentaler Bedeutung, dass die Maßnahme für jeden Einzelnen erfolgreich ist. Um dies zu garantieren, werden die Ziele individuell angepasst.

– Über den gesamten Zeitraum der Grundbildungsmaßnahme wird diese von einem begleitenden Kommitee evaluiert und gegebenenfalls korrigiert. Das Komitee besteht aus Vertretern des Unternehmens, des Bildungsträgers, der FAF Propreté und Volontären. Die Begleitung bezieht sich auf Zeitplanung, Methoden, Materialien, organisatorische Probleme etc.

– Die Erfahrungen bis jetzt zeigen deutlich die Notwendigkeit, innerhalb der Reinigungsbranche ein Unterrichtsdesign zu entwickeln, das den Unternehmen in diesem Sektor Maßnahmen zur Verfügung stellt, die den Beschäftigten und den Erfordernissen ihrer Tätigkeit angepasst sind.

Wie beurteilen Sie diese Initiative? Betrachten Sie sie als Erfolg?

Man kann sagen, dass alle drei Gruppen von Nutznießern dieser Initiative – Unternehmen, Beschäftigte und Kunden – sehr zufrieden sind, da es die berufliche Kompetenz der Beschäftigten steigert, ihren Einsatz in komplexeren Arbeitskontexten ermöglicht und insgesamt zur Entwicklung der Unternehmen wie auch der gesamten Branche beiträgt. Die Unternehmen können ohne Schwierigkeiten den Erfolg neu erworbener Kompetenzen feststellen und sie gezielt einsetzen.

Welchen Effekt hat die Weiterbildung für die Beschäftigten?

Die Grundbildung an „arbeitsbezogenen Texten" erlaubt es den Beschäftigten, neue berufliche Kompetenzen zu erwerben, wie etwa die Fähigkeit, das Logbuch zur Arbeitsdokumentation zu lesen und auszufüllen. Außerdem können sie zum Beispiel selbstständig die Bögen zur Qualitätssicherung ausfüllen.
Die Beschäftigten erleben diesen Prozess wie eine „Renaissance". Sie sind selbstständiger an ihrem Arbeitsplatz, motivierter und aktiver.

Wie könnte man diese Maßnahme ausweiten und welche Zukunftsperspektiven sehen Sie dafür?

Mittlerweile sind acht zusätzliche Gruppen mit Arbeitssuchenden entstanden, in denen schriftsprachliche Kompetenzen am Arbeitsplatz und Grundtechniken der Reinigungsbranche vermittelt werden. Möglicherweise lässt sich dieser Erfolg auch auf andere Branchen und Zielgruppen übertragen.

4.4 PHASE 4: NACHHALTIGE VERANKERUNG VON GRUNDBILDUNG IM BETRIEB – BERUFSRELEVANTE GRUNDBILDUNG FÜR GERINGER QUALIFIZIERTE ARBEITNEHMER SICHERN/EVALUATION UND NACHHALTIGKEIT – ODER: WIE KANN ES WEITERGEHEN?

Wie kann es über die Projektlaufzeit bzw. über den ersten Erprobungszeitraum hinaus in einem Unternehmen zu einer nachhaltigen Verankerung von Grundbildung als Element betrieblicher Personalentwicklung kommen? Gibt es Maßnahmen, Möglichkeiten, Ideen, die der Akquisiteur nutzen kann, um die Multiplikatoren/die Unternehmen bei der Umsetzung dieses Anliegens zu unterstützen?

4.4.1 EVALUATION

Evaluation spielt eine wichtige Rolle bei der Unterstützung der Aufgabenwahrnehmung der Multiplikatoren/Mittler. Denn mit der Anfangs- und Endbefragung der Kursteilnehmenden gewinnt der Multiplikator/Mittler während des Erprobungszeitraumes im positiven Fall wichtige Argumente für die nachhaltige Verankerung des Themas Grundbildung und die Fortführung des Kursangebotes. Auch bei den Vorgesetzten kann und sollte eine Anfangs- und Endbefragung erfolgen. Die Endbefragung der Vorgesetzten wird dabei im Sinne einer Nachevaluation durchgeführt (Muster, siehe S. 138). Denkbar ist eine Nachevaluation auch bei den Kursteilnehmenden. Mit Nachevaluation ließen sich z.B. mittelfristige Auswirkungen auf die Selbstwirksamkeit und Auswirkungen auf die Arbeit und für das Unternehmen erfassen.

Die Rolle von Evaluation ist hinsichtlich ihrer Bedeutung für Menschen mit Grundbildungsbedarf nicht hoch genug einzuschätzen. Sie sind es in der Regel nicht gewohnt, dass sich jemand für ihren Lernprozess wirklich interessiert, dass sie sich mit ihrem Lernprozess bewusst auseinandersetzen, glauben kaum selber, dass sie etwas gut können, ihre informell erworbenen Kompetenzen sind ihnen als Schatz nicht bewusst, ihren Lernfortschritt erkennen sie nicht direkt.
Durch die **Anfangsbefragung** im Kurs „müssen" sie sich bewusst machen und formulieren, was sie motiviert(e), am Kurs teilzunehmen, was sie lernen wollen und wann sie sagen: „Gut, dass ich mitgemacht habe." Dies ist für Lernungewohnte teilweise eine Herausforderung, die sie aber in jedem Fall im Einzelgespräch mit der Kursleitung bewältigen. Gegebenenfalls kann eine Kartenabfrage stattfinden, die dann mit der Gruppe angeschaut wird, oder die Antworten auf die Fragen werden von der Kursleitung strahlenförmig um die Frage herum an die Tafel geschrieben.
Die **Endbefragung** unterstützt die Bewusstmachung ihres Kompetenzzuwachses. Die Teilnehmenden erkennen außerdem, was ihnen das Lernen erleichterte, welche Faktoren es u.U. erschwerte. Sie stellen fest, ob sie im selben Bereich weiterlernen wollen oder ob (neue) Lernwünsche in ihnen wach geworden sind. Und

sie denken darüber nach, ob sie anderen Kollegen den Kurs empfehlen würden, um auch diese für den (erneuten) Einstieg ins Lernen zu gewinnen.

> **Kursleiterin:** „Die Teilnehmer sind sehr lernunerfahren. Besonders die Endbefragung war für sie schwierig, weil sie keine Erfahrung damit haben, über sich und ihren Lernprozess differenziert zu reflektieren."
>
> **Frage an langjährige Kursteilnehmerin A.:** „Wodurch ist dir bewusst geworden, dass du das jetzt kannst?
> **Antwort:** „Dadurch, dass du mich das jetzt fragst!"

Zweck der Evaluation für den Teilnehmenden (TN)

Teil A des Fragebogens (Seite 134)

- TN klären für sich, warum sie sich gerade dieses Angebot ausgesucht haben/ warum sie an diesem Kurs teilnehmen – was ist ihr Ziel/sind ihre Ziele?
- TN klären für sich oder gemeinsam in der Gruppe, was speziell sie lernen wollen – Abgleich zwischen Erwartungen ggf. versus Angebotenem.
- TN klären für sich, was ihre Definition gelungenen Lernens in Hinsicht auf dieses spezielle Kursangebot ist/wann sie sagen würden: „Gut, dass ich dabei war!" – Erfolgskriterien.

Teil B des Fragebogens (Seite 135)

- TN reflektieren, wie der Kurs als Ganzes für sie war – je eigene Auseinandersetzung mit verschiedenen Faktoren (z.B. entspanntes Lernen, respektvoller Umgang miteinander, erweiterte Handlungsfähigkeit, persönliche Weiterentwicklung …).
- TN werden sich des Erreichten bewusst.
- TN stellen fest, ob ihre Definition/en gelungenen Lernens aus Bogen A aufrechtzuerhalten ist/sind, ob sie umdefiniert werden muss/müssen.
- Das Bewusstgemachte wird zum Tool, das im Wiederholungsfall oder ggf. in anderer Situation genutzt werden kann.
- TN werden sich bewusst, was das nächste Lernziel/die nächsten Lernziele sein könnte/n.
- TN erkennen Zusammenhang zwischen Methode/Rahmenbedingungen und Lernen/Lernerfolg.
- TN kommen auf die Idee, andere Menschen zum Lernen zu ermuntern, sie zu animieren, ebenfalls an einem Kurs teilzunehmen.

Teil C des Fragebogens (eine Variation für „Lernen am anderen Ort, am anderen Gegenstand", jedoch unabhängig davon auch kombinierbar mit Teil B, Seite 136)

– Die verschiedenen Stationen/besuchten Orte rücken noch einmal ins Bewusstsein.
– TN stellen Vermutungen über Lehrziel/e des Anbieters an (Metaebene wird gedacht).
– TN gewichten das Gelernte nach persönlicher Wichtigkeit und Erfolg.
– TN reflektieren die persönliche und berufliche Verwertbarkeit des neu erworbenen Wissens, das damit zum Tool wird.
– TN reflektieren die persönliche und berufliche Verwertbarkeit der neu erworbenen Kompetenz/en, die damit zum Tool wird/werden.
– TN lernen, was hilfreich ist, um sich des neu erworbenen Wissens, der neuen Kompetenzen bewusst zu werden.
– TN lernen, auch Fehler zu benennen – Voraussetzung für „Verbesserungen".

4.4.2 NETZWERKBILDUNG

Durch die Mitarbeitenden in der GRAWiRA-Arbeitsgruppe „Wie erreiche ich die Zielgruppe im Betrieb?" hat sich ein kleines, indirektes Netzwerk gebildet. „Mann/Frau" kennt sich. Nichts wäre spannender, als daraus ein kleines, dauerhaftes Netzwerk zu etablieren, das den Charakter einer Unterstützungsstruktur für die betrieblichen Multiplikatoren und Mittler (extern/intern/auf allen Ebenen) hat, dem unternehmensübergreifenden Erfahrungsaustausch und -transfer dient, mittelfristig sogar Finanzmittel gemeinsam nutzt und vor allem auch etwas auf der wirtschaftspolitischen Ebene bewirken könnte.

– Die Multiplikatoren/Mittler müssen nicht allein agieren, sie sehen, dass und wo es (auch bei anderen) hakt, welche Ideen zur Abhilfe in anderen Unternehmen entwickelt wurden, welche Slogans z.B. „gut ankamen".
– Es können gemeinsam Ideen entwickelt werden, wie das Engagement für Grundbildung zur Imagepflege des Unternehmens genutzt werden kann und wie durch betriebsinterne Information und Öffentlichkeitsarbeit, aber auch durch direkte Öffentlichkeitsarbeit (z.B. Ladenfunk, Ladenfernsehen, Auslage von Flyern der Volkshochschulen) mehr Menschen erreicht werden.

Für die gute und dauerhafte Pflege eines Netzwerkes (z.B. durch Telefonate; Weiterleitung relevanter neuer Informationen und evtl. interessierender Veranstaltungen; durch Presseartikel, Interviews; Erstellen und Zusenden eines Newsletters) ist in der Regel ein „Motor" erforderlich, der ausreichend Personalressource hat, diese zu betreiben. Eine Aufgabe, die zur vereinbarten Beratungsarchitektur gehören und branchenübergreifend oder abwechselnd, aber auch branchenspezifisch gelingen (s. das französische Beispiel) und finanziert werden könnte.

Fragen, für die das Netzwerk Antworten und Lösungen finden könnte

– Welche Form der Netzwerkpflege ist in unserem Zusammenhang optimal und wie kann die Umsetzung erfolgen?
– Welche Ziele will das Netzwerk verfolgen?
– Wie erreichen wir, dass Unternehmen, die Grundbildung als Element betrieblicher Personalentwicklung umsetzen, mit einem **bundesweit gültigen Label „GARANT für GRUNDBILDUNG"** ausgezeichnet werden?
– Mit welchen Maßnahmen halten wir die Motivation der Unternehmen wach?
– Welcher Slogan für die Weiterbildungsförderung im Bereich Grundbildung kommt an und passt ins Leitbild?
– Welche Erfahrungen hat das Unternehmen/haben die Multiplikatoren gemacht?
– Wie sahen die Ergebnisse der Teilnehmerbefragungen (Evaluation) aus?
– Welche Schlussfolgerungen lassen sich daraus ziehen?
– Sind alle Möglichkeiten bereits ausgereizt?
– Könnte es eine gemeinsame Werbung für Grundbildung geben? Wenn ja, wie muss sie aussehen, damit sie von allen genutzt werden kann?
– Wer wäre für „Grundbildung als Element betrieblicher Personalentwicklung" ein geeigneter Multiplikator? Die Handelskammer, die Handwerkskammer, eine Stiftung, das Weltwirtschaftsinstitut …?

Cord Wöhlke: Ganz wichtig ist, dass Sie mit den Kammern als berufsständische Körperschaften arbeiten. Die müssen vorbereitet werden, um das Thema voranzutreiben. Nachdem die Wirtschaftskrise allmählich abflaut, sollte Bildung zum zentralen Thema werden. Außerdem brauchen Sie anerkannte Persönlichkeiten, die das Thema unabhängig von der Ideologie in die Gesellschaft tragen. Als Unternehmer würde ich mir wünschen, dass eine umfassende Bildungslandschaft entsteht, wo von der Grundbildung bis zum hoch qualifizierten Fachwissen alles gleichermaßen anerkannt und kompetent vermittelt wird.

- Was braucht es, um die Herausforderungen zu bewältigen, wie bekommen wir die erforderliche Unterstützung, und wie bekommen wir die Arbeitsverwaltung mit ins Boot?

Cord Wöhlke: Arbeitgeber und Arbeitnehmer sitzen nach meinem Verständnis von Volkswirtschaft ohnehin in einem Boot. Die Frage, ob nur eine Seite profitiert, stellt sich also nicht. Politik und Wirtschaft sind hier beide in der Pflicht. Für Unternehmer sollte es möglichst einfach sein, Mitarbeiter zu fördern, denn die Arbeit im Tagesgeschäft stellt noch weit mehr Aufgaben als die Qualifizierung der Mitarbeiter.

- Ist für einzelne Branchen ein branchenspezifisches Netzwerk eher umzusetzen?
- Wer unterstützt die kleinen und mittleren Unternehmen?
- Wie erreichen wir, dass sich die Gewerkschaften für dieses Thema politisch starkmachen (eine Einladung an Betriebsräte als Muster, Informationsveranstaltung für Betriebsräte, Seite 139)?
- Kann das erfolgreiche Beispiel des französischen Netzwerkes der Reinigungsunternehmen als Muster genutzt werden?

5. FAZIT

Die Projektarbeit zwischen GRAWiRA und den Unternehmen verlief außerordentlich positiv. Alle Beteiligten sind mit dem Ergebnis zufrieden und davon überzeugt, dass die Erfahrungen aus diesem Projekt auch für andere Betriebe nützlich sind. Insgesamt profitieren sowohl die Unternehmen als auch der Projektträger von den umfangreichen Erfahrungen, die in der Planung und Durchführung gesammelt werden konnten.
Die gute Zusammenarbeit zwischen den Unternehmen und der VHS als Projektträger, aber auch die sorgfältige Vorbereitung und Nachbereitung aller Treffen und die gut geplante Moderation der verschiedenen Arbeitsgruppen sowie die Einbeziehung der Zielgruppe der geringer qualifizierten Arbeitnehmer und Grundbildungskursteilnehmer haben sich als Erfolgsfaktor für die Produktentwicklung, Organisation, den Verlauf und die Akzeptanz der Kurse entwickelt.
Die gemeinsame Arbeit in Projektteams und die Klarheit der Verantwortungsbereiche und Klärung einzelner Tätigkeiten hat den operativen Ablauf positiv beeinflusst. Eine enge Abstimmung wird auch weiterhin notwendig sein.

Es ist darüber hinaus deutlich geworden, dass die engagierte Mitarbeit der Unternehmensvertreter einen erheblichen und in dem Umfang möglicherweise nicht erwarteten Zeitaufwand erforderte, um den Erfolg sicherzustellen. So kam das jeweilige Unternehmen zwar in den kostenfreien Genuss von Weiterbildung für einen bisher benachteiligten Personenkreis, aber dennoch nicht zum „Nulltarif". Eine Tatsache, die insgesamt positiv zu bewerten ist, denn es kann nicht angestrebt werden, Unternehmen ganz aus ihrer Verantwortung zu entlassen. Die zeitliche Investition ist ein guter unternehmensseitiger Beitrag, der hohe Wertschätzung verdient.

Die Erforschung nachhaltiger Wirkungen war im Projektansatz nicht vorgesehen, denn sie erfordert eine andere Zeitschiene. Jedoch lässt sich aufgrund der Teilnahmequote und der durchgeführten Kursevaluationen eindeutig feststellen: Ein Teil der Zielgruppe der geringer qualifizierten Mitarbeiter ist auch ohne Druck erreichbar und sogar trotz anstrengender körperlicher Tätigkeiten für Weiterbildung zu gewinnen, wenn das Angebot die Interessenlage trifft und die Vorbereitung zur Gewinnung der Zielgruppe sensibel erfolgt. Vermutlich lässt sich aus dieser Klientel Facharbeiterpotenzial erschließen. Wer sich dann auf den Weg gemacht hat, muss aber noch ein Stück des Weges (z.B. durch Förderung der Fachsprache) begleitet werden.

Die sechs Unternehmensbeispiele machen deutlich, dass Grundbildungsangebote Bestandteil betrieblicher Personalentwicklung werden können, wenn es gelingt, die unter Berücksichtigung des europaweiten Diskurses zum Thema Grundqualifikationen erstellte GRAWiRA-Mindmap „f i t" mit Leben und Inhalt gefüllt als Türöffner einzusetzen und klarzumachen, dass allen Mitarbeitern ein Zugang zu Grundbildung eröffnet werden muss.

Dass die Wege unterschiedlich sein müssen und ein unterschiedlich langer Atem erforderlich ist, wird ebenfalls deutlich.

Die dargestellten Beispiele zeigen auch, dass die Umsetzung von Grundbildung als Element betrieblicher Personalentwicklung erst am Anfang steht, das Thema noch lange nicht ausgereizt ist. Die hier dokumentierten Erfahrungen setzen aber bereits markante Signale, z.B.:

- Die Bandbreite der Win-win-Situation für Arbeitnehmer und Arbeitgeber ist sehr hoch, die Rückmeldungen der Mitarbeiter äußerst positiv.
- Die Unternehmen erkennen, dass die Kursangebote bei den geringer qualifizierten Mitarbeitern einen kontinuierlichen Entwicklungsprozess in Gang setzen, der parallel zum permanenten Entwicklungsprozess des Unternehmens verläuft – Voraussetzung dafür, dass beide auf einem zukunftssicheren Niveau gehalten werden.
- Den Unternehmen ist wichtig, dass die Mitarbeiter nach der Arbeit nicht noch einen weiten Weg zum Kurs zurücklegen müssen. Sie unterstützen deshalb die Nutzung eigener Firmenräume.
- Es ist ihnen deutlich geworden, dass der Lebensweltbezug des Angebotes für die Motivation und das erfolgreiche Lernen eine große Rolle spielt, dass sich problembehaftete Arbeitssituationen für erfolgreiche Lernsituationen nutzen lassen.
- Während Fort- und Weiterbildung für Führungskräfte, Führungsnachwuchskräfte und gut ausgebildete Fachkräfte in den meisten Betrieben zum selbstverständlichen Bestandteil des Unternehmensmanagements gehört, werden Mitarbeiter auf angelernten Arbeitsplätzen in diese Angebote selten einbezogen. Die Mittel der Unternehmen für Fortbildung sind in der Regel begrenzt und werden so eingesetzt, dass ein direkter Nutzen vermutet werden kann bzw. erzielbar ist. Darüber hinaus gibt es von Führungs- und Fachkräften selbstverständliche Erwartungen und konkrete Fortbildungswünsche.
- Von geringer qualifizierten Mitarbeitern werden Forderungen nach Weiterbildung kaum gestellt; auch fehlen konkrete Wünsche und Ideen.
- Die Vorstellungen, welche Angebote für die Mitarbeiter der Zielgruppe von GRAWiRA sinnvoll und nutzbringend für beide Seiten – Mitarbeiter und Unternehmen – sein könnten, sind auch betrieblichen Verantwortlichen oft nicht klar und werden nicht präzisiert. Ein unmittelbarer Nachteil für Unternehmen durch die fehlende Einbeziehung dieser Personengruppe wird noch nicht wirklich überall wahrgenommen, oft vermutet, selten thematisiert.

Von: Wolf-Dietrich Hutter [mailto: hutter@weiterbildungsbuero.de]
Gesendet: Dienstag, 8. Dezember 2009 11:12
An: e.abraham@vhs-hamburg.de
Betreff: Kontakt zum Thema Grundbildung

Sehr geehrte Frau Abraham,

ich bin über den GRAWiRA-Newsletter auf Ihre Arbeit/das Projekt gestoßen. Ihren Ansatz, das Thema Grundbildung vor allem unter dem Blickwinkel der Umsetzung von Weiterbildungsangeboten im Betrieb anzugehen und Wege zu finden, akute Hürden und Ängste sowohl bei der Zielgruppe als auch beim Management zu überwinden, halte ich aufgrund meiner Erfahrungen in der Weiterbildungspraxis kleiner und mittelständischer Unternehmen für absolut erfolgsentscheidend. Sie sprechen genau die Probleme an, die ich in der Beratungspraxis des Weiterbildungsbüros in KMU immer wieder erlebe!

Wie besprochen habe ich vor diesem Hintergrund Interesse an einer Zusammenarbeit im Bereich Grundbildung für gering qualifizierte Mitarbeiter und ggf. auch an einer Kooperation im Rahmen des GRAWiRA-Projektes.

Mit freundlichen Grüßen

Wolf-Dietrich Hutter

Wolf-Dietrich Hutter, M.A.
Weiterbildungsbüro
Zimmermannstraße 36
12163 Berlin

Fon: 030 - 51655308
Fax: 030 - 51655309
E-Mail: hutter@weiterbildungsbuero.de
Web: www.weiterbildungsbuero.de

Ihr Spezialist für betriebliche Weiterbildungsprojekte!

– GRAWiRA zeigt, dass es Unternehmen gibt, die bereit sind, auch ihren geringer qualifizierten Mitarbeitern Weiterbildung anzubieten. Diese Unternehmen sind durch die Teilnahme am Projekt in ihrer Grundannahme bestätigt worden, dass die Anpassung an die globale Wirtschaft neue/erweiterte Grundbildungskompetenzen erfordert, dass es sich lohnt, Grundbildung zum Element betrieblicher Personalentwicklung zu machen. Sie haben die Bedeutung lebensbegleitenden Lernens erkannt und übernehmen Verantwortung für *alle* Mitarbeiter. Sie haben verstanden, dass Grundbildungsangebote geeignet sind, vermutete Potenziale ihrer geringer qualifizierten Mitarbeiter zu entfalten und diese für Weiterbildung

zu gewinnen. Sie sind deshalb bereit, auch den zeitlichen und örtlichen Rahmen unterstützend zu gestalten.
– Es ist aber auch deutlich geworden, dass gerade für diese Zielgruppe, die größtenteils körperlich schwer arbeitet, kaum ein anderer Zeitrahmen möglich ist als „nach der Arbeit". Gleichzeitig führt die Tatsache, dass diese Mitarbeiter oft Akkord- oder Fließbandarbeit ausführen oder eng gesteckte Zeitvorgaben erfüllen müssen, zu der paradoxen Situation, dass sie im Gegensatz zu Führungskräften und Fachkräften während ihrer Arbeitszeit für Qualifizierungsmaßnahmen häufig nicht entbehrlich sind. Die wöchentliche Abwesenheit Einzelner aufgrund der Teilnahme am Kurs ist aufgrund knapp bemessener Personalressourcen für die Arbeitsorganisation und für die übrigen Teammitglieder eine zu große Belastung. Das macht nachvollziehbar, dass Unternehmen wohl bereit sind, die Kosten für die Weiterbildung ihrer geringer qualifizierten Mitarbeiter zu übernehmen, aber in der Regel möchten, dass Kurse in der Freizeit stattfinden.

B. Lammers, Firma Grewe: „Eine Lernbereitschaft ist auf jeden Fall vorhanden. Die Vereinbarkeit von Lernen und Arbeiten ist aber aufgrund schwerer körperlicher Arbeit, langer Arbeitstage und der damit verbundenen Erschöpfung sehr schwierig."

– Selbst wenn das Unternehmen die Kursgebühr übernimmt, bleibt jedoch die Frage, ob es für die Teilnehmenden, die regelmäßig teilgenommen haben, zumindest einen teilweisen Freizeitausgleich oder Anreize anderer Art gibt, die sich besser organisieren lassen als die wöchentliche Abwesenheit Einzelner.

Grundsätzlich bleibt festzustellen:

– Die Verwirklichung von Grundbildungsangeboten im Unternehmen ist sowohl für die Arbeitgeberseite als auch für die Arbeitnehmerseite ein Gewinn!
– Die von GRAWiRA erarbeiteten Modelle aus der Praxis für die Praxis sind ein Angebot, das für externe Dienstleister, Unternehmen/Betriebe und Institutionen von hohem Nutzen sein wird!
– Als „Good-Practice"Beispiele eignen sie sich für die Umsetzung in kleineren, mittleren und großen Unternehmen!
– Die aus der GRAWiRA-Projektarbeit gewonnenen Erkenntnisse bilden eine gute Grundlage dafür, das Thema „Grundbildung als Element betrieblicher Personalentwicklung" in die wirtschafts- und sozialpolitische Diskussion einzubringen!

DANKSAGUNG

Ich möchte mich vielmals bedanken

- bei der Geschäftsführung der Hamburger Volkshochschule dafür, dass mir die Projektleitung für dieses Projekt übertragen wurde,
- bei Joachim Schroeder für die wieder so konstruktive Zusammenarbeit und stete Ermunterung,
- bei Antje Pabst für die kompetente Zuarbeit und Dokumentation,
- bei Hartmut Welscher für den geduldigen „lektoralen" Blick von außen,
- bei Ursula Di Renzo für die ehrenamtliche Unterstützung,
- bei den Kursleitenden der Hamburger Volkshochschule und den Teilnehmenden der betrieblichen Grundbildungskurse, die sich auf die GRAWiRA-Herausforderungen eingelassen haben,
- bei den Mitgliedern des Alpha-Teams, die immer bereit waren, uns ihre Erfahrungen und Einschätzungen mitzuteilen und sich an der Öffentlichkeitsarbeit zu beteiligen,
- bei allen GRAWiRA-Teammitgliedern, die jede/r an ihrer Stelle zum Gelingen des Projektes beigetragen haben,
- bei meiner Nachfolgerin im Amt, Heike Kölln-Prisner, die bereitwillig für mich einen dritten Schreibtisch in ihr Büro stellen ließ,
- und natürlich und **vor allem bei den engagierten Vertretern/Vertreterinnen der GRAWiRA-Kooperationspartner, ohne die das GRAWiRA-Projekt nicht das geworden wäre, was es geworden ist: innovativ, erfolgreich, „mustergültig":**

BGFG Baugenossenschaft freier Gewerkschafter eG; DIETER GALLAS Gebäudeservice GmbH & Co. KG; GGS – Grewe Grünflächenservice Hamburg GmbH; Iwan Budnikowsky GmbH & Co KG; Birthe Jessen – Fernsehjournalistin; Junges Hotel Hamburg, Betriebsgesellschaft mbH; PHH Personaldienstleistung GmbH; Translogistik Barsbüttel Service GmbH; Stadtreinigung Hamburg, Anstalt öffentlichen Rechts; Alraune gGmbH; HAB Hamburger Arbeit-Beschäftigungsgesellschaft mbH; KoALA e.V.; komm.pass.arbeit GmbH; SEN – Soester Entwicklungsnetz e.V.; Bildungswerk des deutschen Hausfrauenbundes, Landesverband Hamburg e.V.; ELBCAMPUS Kompetenzzentrum Handwerkskammer Hamburg; Deutscher Gewerkschaftsbund Bildungswerk e.V.; G7 – Staatliche Gewerbeschule Werft und Hafen; G8 – Berufliche Schule Recycling- und Umwelttechnik; G20 – Staatliche Gewerbeschule Verkehrstechnik, Arbeitstechnik, Ernährung; ma-co maritimes competenzcentrum e.V.; Bezirksamt Eimsbüttel, Fachamt Wirtschaftsförderung; Landesinstitut für Lehrerbildung und Schulentwicklung, Abteilung Qualitätsentwicklung und Standardsicherung (LIQ); HHLA Container-Terminal Altenwerder GmbH.

Ich hoffe, ich habe niemanden unerwähnt gelassen!

Ellen Abraham
Hamburg, im August 2010

REIHENFOLGE ANHANG

Checkliste für die Aktivitätsplanung von GRAWiRA in Unternehmen	102
Rahmenbedingungen für Multiplikatorenarbeit	112
Portfolio Grundbildungsangebote	113

    Deckblatt Portfolio
    Erläuterungen für Unternehmen
    Kommunikation für Stadtreinigung
    Englisch für Stadtreinigung
    Hamburg für Stadtreinigung
    PC für Stadtreinigung Anfänger
    PC für Stadtreinigung Internet
    Rechnen für Stadtreinigung
    Lesen und Schreiben/Deutsch

Faltblatt – beidseitig	127
Bedarfsfragebogen	129
Anmeldebogen	130
Mitarbeiterartikel	131

    Mehr vom Leben mit Weiterbildung
    Budni
    Hiev-op-Artikel

Evaluationsbögen	134

    Teilnehmer-Evaluation A
    TN-Evaluation B
    TN-Evaluation C

Evaluation durch KL	137
Befragung Unternehmen – Anschreiben BGFG	138
Informationsveranstaltung für Betriebsräte	139

Checkliste für die Aktivitätsplanung zur Umsetzung von GRAWiRA in Unternehmen

Die Umsetzung von GRAWiRA erfordert aufgrund der unterschiedlichen Unternehmensbedingungen und Weiterbildungsbedarfe verschiedenartige Lösungen und unternehmensspezifische Aktivitätsplanungen.
Aus diesem Grund wurde gemeinsam mit Kooperationspartnern aus Unternehmen die folgende Checkliste erstellt. Sie erfasst die als besonders relevant erachteten organisatorischen Fragen, Klärungs- und Planungsaspekte und möchte Ihnen die Bearbeitung/Umsetzung erleichtern.

Hilfreiche Fragen für die Bearbeitung der Checkliste:
1. Was muss für Ihr Unternehmen (noch) geklärt werden?
2. Was ist bereits in Ihrem Unternehmen geklärt?
3. Wie sind die verschiedenen Schritte geklärt worden?
4. Wie sollen die verschiedenen Schritte geklärt werden?
5. Wann wäre ein möglicher Zeitpunkt zur Klärung und Bearbeitung?

In den freien Zeilen/ Blanko-Kästchen können Sie Ihre zusätzlichen Ideen aufnehmen.

Firmenname:
bearbeitet von:

Datum:

A. **Fragen, die die Organisation und Inhalte der Weiterbildung betreffen**

Planungsaspekte	Klärungs- bzw. Planungsstatus			Klärungs- bzw. Planungsschritte	Terminierung
	spielt keine Rolle	ist geklärt	muss geklärt werden	was – wer – wo – wie	- wann -
Haben Sie bereits Ideen für eine Weiterbildung Ihrer geringer qualifizierten Mitarbeiter (GQM)?					
In welchen Einsatzbereichen und Aufgabenfeldern sind GQM in Ihrem Unternehmen tätig?					
Welche Gruppe der GQM wollen Sie zuerst fördern?					
Wann soll die erste Weiterbildungsmaßnahme starten?					

Planungsaspekte	Klärungs- bzw. Planungsstatus			Klärungs- bzw. Planungsschritte	Terminierung
	spielt keine Rolle	ist geklärt	muss geklärt werden	was – wer – wo - wie	- wann -
Welche Hindernisse für die Teilnahme müssen berücksichtigt werden (Pendler; Kinderbetreuung; Schichtarbeit)					
Müssen unterschiedliche Vertragsverhältnisse bei den GQM in Ihrem Unternehmen berücksichtigt werden?					
Soll die Teilnahme an der Weiterbildung freiwillig oder verpflichtend sein?					
Zu welchen Zeiten soll die Weiterbildung stattfinden (Freizeit, Arbeitszeit, partiell beides)?					

Planungsaspekte	Klärungs- bzw. Planungsstatus			Klärungs- bzw. Planungsschritte	Terminierung
	spielt keine Rolle	ist geklärt	muss geklärt werden	was – wer – wo – wo – wie	- wann -
Sind im Unternehmen Räumlichkeiten für die Weiterbildung vorhanden?					
Soll die Weiterbildung generell an einem anderen Ort stattfinden (z.B. an einem außergewöhnlichen Ort)?					
Wie macht Ihr Unternehmen intern „Werbung" für die Weiterbildungsveranstaltungen (Mund-zu-Mund-Propaganda, „Zugpferde" als TeilnehmerInnen, Vertrauensleute, Paten aus VHS-Kursen)					
Sollte es eine „Belohnung", bspw. durch Incentives für die Teilnahme geben?					

Planungsaspekte	Klärungs- bzw. Planungsstatus			Klärungs- bzw. Planungsschritte	Terminierung
	spielt keine Rolle	ist geklärt	muss geklärt werden		
Freie Zeilen für den Fragenkomplex A				was – wer – wo – wie	- wann -

B. Fragen, die dem besonderen Thema geschuldet sind

Planungsaspekte	Klärungs- bzw. Planungsstatus			Klärungs- bzw. Planungsschritte	Terminierung
	spielt keine Rolle	ist geklärt	muss geklärt werden	was – wer – wo – wie	- wann -
Was will/ kann Ihr Unternehmen tun, um auf das Problem der Zielgruppe aufmerksam zu machen?					
Was will/ kann Ihr Unternehmen tun, um das Vertrauen der Zielgruppe zu gewinnen?					
Was will/ kann Ihr Unternehmen tun, um die Vertraulichkeit mittel- bis langfristig sicherzustellen?					

	Was will/ kann Ihr Unternehmen tun, um die betroffenen Mitarbeiter/-innen vor Mobbing zu schützen?					
	Planungsaspekte	**Klärungs- bzw. Planungsstatus**			**Klärungs- bzw. Planungsschritte**	**T e r m i -nierung**
		spielt keine Rolle	ist geklärt	muss geklärt werden	was – wer – wo – wie	- wann -
	Freie Zeilen für den Fragenkomplex B					

C. Fragen zur Vorbereitung/ Information auf den verschiedenen personellen Ebenen

	Planungsaspekte	**Klärungs- bzw. Planungsstatus**			**Klärungs- bzw. Planungsschritte**	**Terminierung**
		spielt keine Rolle	muss geklärt werden	ist geklärt	was – wer – wo – wie	- wann -
	Wie erhalten Sie das „Okay" der Geschäftsleitung für die Beteiligung an GRAWiRA?					

Planungsaspekte	Klärungs- bzw. Planungsstatus			Klärungs- bzw. Planungsschritte	Terminierung
	spielt keine Rolle	muss geklärt werden	ist geklärt	was – wer – wo – wie	- wann -
Benötigen Sie das „Okay" der Geschäftsleitung/ Personalverantwortlichen für die Planung/ Durchführung von Weiterbildungsangeboten für GQM?					
Wie erhalten Sie das „Okay" der Geschäftsleitung/ Personalverantwortlichen für die Planung/ Durchführung der Weiterbildung für GQM?					
Benötigt das Unternehmen die Zustimmung des Betriebsrats/ der MA-Vertreter?					
Welche Möglichkeiten sieht der Betriebsrat / Die MA-Vertretung für eine dauerhafte Unterstützung des Unternehmens?					

Planungsaspekte	Klärungs- bzw. Planungsstatus			Klärungs- bzw. Planungsschritte	Termi-nierung
	spielt keine Rolle	muss geklärt werden	ist geklärt	was – wer – wo – wie	- wann -
Welche Möglichkeiten sieht das Unternehmen, um die Unterstützung des Betriebsrats / Der MA-Vertretung dauerhaft zu erhalten?					
Soll/ Kann es in Ihrem Unternehmen Multiplikatoren / Mittler für Betroffene geben?					
Welche Rolle/ Funktionen sollen Multiplikatoren/ Mittler für Betroffene in Ihrem Unternehmen haben? (z.B. auch Kontaktperson nach außen)					
Wie sollen/ können die Multiplikatoren/ Mittler auf ihre Aufgaben vorbereitet werden?					

Planungsaspekte	Klärungs- bzw. Planungsstatus		Klärungs- bzw. Planungsschritte	Terminierung
	spielt keine Rolle	muss geklärt werden / ist geklärt	was – wer – wo – wie	- wann -
Freie Zeilen für den Fragenkomplex C				

D Fragen zur strukturellen Etablierung der Grundbildung

Planungsaspekte	Klärungs- bzw. Planungsstatus		Klärungs- bzw. Planungsschritte	Terminierung
	spielt keine Rolle	muss geklärt werden / ist geklärt	was – wer – wo – wie	- wann -
Sehen Sie eine Möglichkeit in Ihrem Unternehmen einen festen Ansprechpartner für GQM/ Grundbildung dauerhaft zu institutionalisieren?				
Wird es in Ihrem Unternehmen feste Multiplikatoren/ Mittler für GQM/ Grundbildung geben?				
Sollen/ Können GQM in die Maßnahmen der „Personalentwicklung durch Weiterbildung" einbezogen werden?				

Planungsaspekte	Klärungs- bzw. Planungsstatus			Klärungs- bzw. Planungsschritte	Terminierung
	spielt keine Rolle	muss geklärt werden	ist geklärt	was – wer – wo – wie	- wann -
Sehen Sie in Ihrem Unternehmen Möglichkeiten der mittel- bis langfristigen Finanzierung der Weiterbildung für GQM?					
Soll/ Kann Bildungsberatung generell oder nur für GQM eingeführt werden?					
Soll/ Kann Bildungsberatung für GQM durch Mitarbeiter Ihres Unternehmens oder durch Externe/ Grundbildungsexperten durchgeführt werden?					

GRAWiRA

Rahmenbedingungen für die Multiplikatorenarbeit: Entwicklung eines unternehmensspezifischen Multiplikatorenprofils

Multiplikatoren	Bezeichnung (Name, Rollenbeschreibung)	Entscheidungskompetenz (Verantwortung, Befugnisse bzgl. weiterführender Maßnahmen*)	Zeitaufwand (Freistellung, Stundenkontingent X pro Vierteljahr, Zusatzaufgaben)	Vertraulichkeit (Vertrauensschutz, Geheimhaltung)	Eigene Fortbildung (Netzwerk, Kontakt zu VHS-Grundbildungszentren etc.)	Kommunikation (Informationswege, Werbung für Multiplikatorarbeit)	Wertschätzung der Multiplikatorarbeit (Auszeichnung, Unternehmenskultur)
Mitarbeitervertretungen/ Betriebsräte							
Teamleiter/ Objektleiter							
Vorstand/ Geschäftsführung							
Verantwortliche für Aus- und Weiterbildung							
Betriebliche Sozialdienste (intern / extern)							
Betroffene Personen/ erfolgreiche TN als Vertrauenspersonen							
Externe Kursleiter d. Grundbildungsangebote							

* z.B. kurzfristige Begleitung, Verweis an Bildungsberatung, Aushändigen von Bildungsgutscheinen, ...

GRAWiRA ist ein Verbundprojekt der Hamburger Volkshochschule und der Johann Wolfgang Goethe-Universität Frankfurt

JOHANN WOLFGANG GOETHE UNIVERSITÄT FRANKFURT AM MAIN

HAMBURGER VOLKSHOCHSCHULE

Bundesministerium für Bildung und Forschung

www.grawira.de

GRAWiRA

GRUNDBILDUNG · ALPHABETISIERUNG · WIRTSCHAFT · ARBEIT

Erläuterungen zu den von GRAWiRA vorgelegten Materialien

Grundsätzliches

Die vorgelegten Materialien sind Weiterbildungs-/Lernangebote im Bereich Grundbildung zur Erweiterung der inzwischen EU-weit als notwendig definierten Grundqualifikationen.

Der Erwerb oder der Ausbau oder die Sicherung dieser Grundqualifikationen ist heute in Europa Voraussetzung zu gleichberechtigter Teilhabe am Leben in dieser - unserer - Gesellschaft.

Die Angebote bieten die Möglichkeit, Spaß am Lernen (wieder) zu entdecken und negative Schulerfahrungen durch positive Lernerfahrungen zu ersetzen. Sie ebnen den Weg zur Freude am inzwischen überall als notwendig erkannten lebensbegleitenden Lernen.

- Die GRAWiRA Weiterbildungsangebote im Bereich Grundbildung orientieren sich nicht ausschließlich am Lesen, Schreiben, Rechnen, sondern nehmen verstärkt Bezug auf die Lebenswelt der an der Weiterbildung Teilnehmenden.
- Die Weiterbildungsangebote und die damit verbundenen Definitionen gelungenen Lernens sind auf den Kanon **aller** Grundqualifikationen ausgerichtet.
- Das informell - eher beiläufig im Alltag, am Arbeitsplatz, im Familienkreis oder in der Freizeit - Gelernte wird bewusst gemacht, Wert geschätzt und genutzt.
- Die Angebote sind verstärkt orientiert am Lernen „am anderen Gegenstand und am anderen Ort".
- Ziele und Definitionen gelungenen Lernens werden nicht nur vom Kursleitenden (KL) sondern auch von den Kursteilnehmenden (TN) formuliert und überprüft.
- Der persönliche „Gewinn" (sowohl der private als auch der berufliche) wird für den Teilnehmenden ersichtlich.
- Der „Gewinn" für den Arbeitgeber kann daraus abgeleitet werden.

GRAWiRA hat die Grundqualifikationen unter dem Kürzel „fit" zusammengefasst. Vermutlich würden viele „fit" übersetzen mit f = fördern, i = integrieren, t = teilhaben. Das ist aber eine sehr pädagogische Sichtweise auf die Lerner.

Im Gegensatz dazu stellt GRAWiRA mit dem Blick langjährig im Bereich Grundbildung tätiger Erwachsenenbildner den Lerner als Subjekt in den Mittelpunkt.

f = fähig, i = intelligent, t = tüchtig.
Man könnte einwenden, ob es nicht besser wäre, für i = interessiert zu assoziieren.
Jedoch weiß GRAWiRA, dass sich die Teilnehmenden gerade im Lernen sehr wenig zutrauen und sich selbst manchmal als „dumm" einschätzen. Wir aber sind der Meinung: Wie intelligent muss ein Mensch sein, der trotz geringer oder mangelnder Grundqualifikationen sein Leben meistert und sich aufmacht, seine Situation zu verändern!

www.grawira.de

Lernen macht Spaß

für gewerblich Beschäftigte

Der Ton macht die Musik!
- Kommunikation -

- In Gesprächen die richtigen Worte finden, um die eigenen Interessen zu vertreten!
- Den anderen richtig verstehen!
- Gesprächssituationen aus dem Alltag erproben!
- Körpersprache kennen und nutzen.

Sie bestimmen die Themen gemeinsam mit der Kursleitung.

Voraussetzung für die Teilnahme ist die Bereitschaft, sich auch auf Neues einzulassen und das eigene Verhalten zu überdenken.

Sie üben:
- ohne Stress
- in einer kleinen Gruppe mit Ihren Arbeitskollegen/-innen
- mit ganz persönlicher Unterstützung durch eine nette Kursleitung

Kosten?
Der Kurs kostet für Sie kein Geld und findet in Ihrer Freizeit statt.

Interessiert?
Anmeldezettel bis zum **07.04.2010**
faxen an 040/4288677-40
oder bei Ihrem Ansprechpartner abgeben.

Noch Fragen?
Frau Hehemann gibt Ihnen vertrauensvoll Auskunft.
Diana Hehemann, Tel. 040/4288677-15
E-Mail: d.hehemann@vhs-hamburg.de

Wann? Wo?
RH Schulungsraum
Neuländer Kamp 6
4 x montags 15.00 – 17.15 Uhr
erster Termin: 31.05.10

Lernen macht Spaß

für gewerblich Beschäftigte

Englisch für Einsteiger

Schnupperkurs

What´s your name?
Meeting point, late night show, call center...
Where is the next underground station?

Diese Ausdrücke und Redewendungen begegnen uns heute überall, nicht nur im Urlaub. Sie wollen wissen, was das heißt und mitreden können?

- Im Kurs wird hauptsächlich gesprochen.
- Einfache Sätze und Redewendungen werden spielerisch eingeübt.
- Es wird langsam gelernt, mit vielen Wiederholungen und persönlicher Unterstützung.

Mögliche Themen: Einkaufen, Hotel, Restaurant.

Bei Interesse kann der Kurs auch fortgesetzt werden.

Sie üben:

- ohne Stress
- in einer kleinen Gruppe mit Ihren Arbeitskollegen/-innen
- mit ganz persönlicher Unterstützung durch eine nette Kursleitung

Kosten?

Der Kurs kostet für Sie kein Geld und findet in Ihrer Freizeit statt.

Interessiert?

Anmeldezettel bis zum **07.04.2010**
faxen an 040/4288677-40
oder bei Ihrem Ansprechpartner abgeben.

Noch Fragen?

Frau Hehemann gibt Ihnen vertrauensvoll Auskunft.
Diana Hehemann, Tel. 040/4288677-15
E-Mail: d.hehemann@vhs-hamburg.de

Wo? Wann?

RM Besprechungsraum
Bullerdeich 19
4 x dienstags 15.00 – 16.30 Uhr
erster Termin: 20.4.

RO Besprechungsraum
Rahlau 71
4 x mittwochs 15.00 – 16.30 Uhr
erster Termin: 21.4.

RW Schulungsraum
Schnackenburgallee 100
4 x donnerstags 15.00 – 16.30 Uhr
erster Termin: 27.5.

Thema: Grundqualifikation Englisch

Anzahl der UE:
Kosten:

Zielgruppe (MA/TN)	Inhalte	Methoden / Material	Gewinn für die TN / Definition gelungenen Lernens	Gewinn für das Unternehmen

• TN die Englisch lernen möchten, ohne den hohen Anspruch eines Zertifikationskurses genügen zu müssen
• TN, die nicht unter Zeitdruck lernen wollen
• TN die nicht auch noch zu Hause lernen möchten
• TN, für die nicht auch noch englische Schriftsprachkompetenz erforderlich ist
• TN, denen überwiegend mündliche Englischkenntnisse im Beruf hilfreich und auch ausreichend sind
	• werden abgeleitet von den Zielen der TN
	• Basic-Englisch Grundlagen
	• Rückgriff auf vorhandene Englisch-Wissen im Alltag, Reklame, Computer
	• reduzierte Grammatik (Verwertbarkeitsgrammatik)
	• Vollverben, Hilfsverben, Aussage, Verneinung, Präsens, Imperfekt
	• Einschleifen von Patterns
	• Hör- und Sprechübungen
	• Lerntipps
	• aktives
	• Schriftsprache wo sie visuelle Lerner unterstützt und im öffentlichen Raum vorkommt
	• phonetische Lautschrift
		• aktives Sprechen und sprachbegleitendes Handeln
		• Unterstützung durch Gehen, Singen und Armbewegungen
		• Lautes Lesen einzeln, im Chor
		• kleine Rollenspiele
		• Sprachfallen (she/ they = sie) durch Gesten verdeutlichen
		• Kassetten hören mit verschiedenen native Speakers
		• Spielerische Aktivitäten
		• Konzentrations- und Kommunikationsübungen
		• Lernen lernen
		• Transfersicherung Wiederholung + Szenarienansatz
		• Der Weg in die reale Welt
		   o Restaurant,
		   o Englisch Theater,
		   o Touristenführung,
		   o Rathaus,
		   o Wochenendtripp nach London
			• Erwerb mündlicher Sprachkompetenz
			• Grundsituationen bewältigen können, die den individuellen Ziel entsprechen (z.B. Verkaufsgespräch)
			• Informelles Wissen ins Bewusstsein heben
			• Transfer des Gelernten in die Lebenswelt der TN
			• Möglichst breite Handlungsorientierung
			• Ableitung des Vokabelspektrums und der Themen von den Zielen der TN: Schule, Beruf, Reisen, Einkaufen, Touristen, Werbung etc. sowie von biographischen Themen (z.B. Geburtsort, Geburtstag)
			• Englisch "verstehen" lernen
			• Wege der Verankerung sind bekannt
			• Das Gelernte wird in der realen Welt angewandt
				• lebensbegleitendes Lernen wird positiv erlebt
				• das Lernen (wieder) aufgenommen, die Lernfähigkeit erhöht
				• das Gedächtnis des MA wird trainiert
				• MA wird flexibler
				• MA kann angemessener mit touristischen Kunden "umgehen"

www.grawira.de

Thema: Hamburg kennenlernen für wenig Geld

Anzahl der UE: 6-7 Termine à 6-7 Ustd.
Kosten/Ustd.: 42 €
Beispiel Kosten : 6 Termine à 6 Ustd.: € 1.512,00

Empfehlung: bei einem erneuten Durchgang planen TN verstärkt selber

Zielgruppe (MA/TN)	Inhalte	Methoden / Material	Gewinn für die TN / Definition gelungenen Lernens	Gewinn für das Unternehmen

• MA mit Unsicherheiten im Lesen und Schreiben
• MA in Niedrig- oder Mindestlohnjobs
• MA mit geringem Selbstbewusstsein
• MA mit negativer Lernerfahrung
• MA, die an Lebensbegleitendes Lernen herangeführt werden sollen
	• Zieldefinitionen durch TN
	• Verschiedene (besondere) (Lern-)Orte in Hamburg
	• Internetrecherche
	• Gestaltung und Planung von Ausflügen
	• Durchführung von Ausflügen
	• Reflexion des Erlebten
	• Zielerreichung
	• Evaluation / Transfer
		• Planung der Vorgehensweise mit TN
		• acht Vorschläge für Ausflüge mit Unterstützung durch 3 zielführende Fragen sichten
		• das Gesichtete anderen TN vorstellen
		• Ausflugsziele quoten
		• das Ausgewählte in Partner-/ Kleingruppenarbeit sichten und darüber berichten
		• Planung der Reihenfolge der Termine
		    o Broschüren
		    o Notizbücher
		    o 3 Fragen
		    o Internet
		    o Telefon
			• Lebensraum erweitern
			• Im städtischen Umfeld sicher(er) bewegen
			• Mut für eigene Unternehmungen
			• Abbau von Angst vor Neuem
			• Selbstlernprozesse werden geweckt und entdeckt
			• Offener(er) Umgang mit Unsicherheiten
			• Verbesserung des Gemeinschaftsgefühls
			• Eindrücke formulieren und schriftlich festhalten können
			• Informell Gelerntes wird als Wissens- und Kompetenzzuwachs wahrgenommen und kann formuliert werden
			• Wissens- und Kompetenztransfer können reflektiert werden
				• MA gewinnt an Flexibilität
				• verliert Angst vor neuen Einsatzorten
				• wird sicherer im Lesen und der Kommunikation
				• erweitert seine Teamfähigkeit
				• hält Verabredungen ein
				• erweitert seine Informationsholkompetenz (Internet, Fragen stellen, Lesen)
				• wird „fitter im Kopf"[1]
				• erlebt Lernen positiv und nicht als notwendiges Übel

[1] Aussage eines TN

GRAWIRA ist ein Verbundprojekt der Hamburger Volkshochschule und der Johann Wolfgang Goethe-Universität Frankfurt

www.grawira.de

Lernen macht Spaß

für gewerblich Beschäftigte

Viel Spaß in Hamburg für wenig Geld

In Hamburg Bekanntes und Unbekanntes für Alltag und Freizeit entdecken und besser kennen lernen!

In der Broschüre „Viel Spaß in HH für wenig Geld" finden Sie bestimmt Orte, die Sie schon immer einmal sehen wollten.

Z.B.

- die Hafen-City oder den Flughafen besichtigen
- Museen besuchen
- Hamburgs grüne Seiten erkunden
- oder, oder, oder…

Kosten?

Der Kurs kostet für Sie kein Geld und findet in Ihrer Freizeit statt.
Sie brauchen HVV-Fahrkarten.

Interessiert?

Anmeldezettel bis zum **07.04.2010**
faxen an 040/4288677-40
oder bei Ihrem Ansprechpartner abgeben.

Noch Fragen?

Frau Hehemann gibt Ihnen vertrauensvoll Auskunft.
Diana Hehemann, Tel. 040/4288677-15
E-Mail: d.hehemann@vhs-hamburg.de

Wo? Wann?

4 x freitags 15.00 – ca. 18 Uhr

Treffpunkt beim 1. **Termin 23.4.**:
VHS-Haus Karolinenstr. 35, Eingang durch Toreinfahrt links, 2. St., R. 201

Beim 1. Termin werden mögliche Ziele besprochen und 3 Ziele ausgesucht und die Termine festgelegt.

Beim 2., 3. und 4. Termin wird jeweils eins der Ziele besucht.

Bei Interesse kann der Kurs auch fortgesetzt werden.

Lernen macht Spaß

für gewerblich Beschäftigte

Umgang mit dem PC
(für Anfänger)

Mögliche Themen
- die Grundbegriffe der elektronischen Datenverarbeitung
- den Umgang mit dem Internet und versenden von E-Mails
- schreiben und gestalten eigener Texte mit Hilfe von Word

Sie bestimmen die Themen gemeinsam mit der Kursleitung.

Sie üben:
- ohne Stress
- in einer kleinen Gruppe mit Ihren Arbeitskollegen/-innen
- mit ganz persönlicher Unterstützung durch eine nette Kursleitung

Kosten?

Der Kurs kostet für Sie kein Geld und findet in Ihrer Freizeit statt.

Interessiert?

Anmeldezettel bis zum **07.04.2010**
faxen an 040/4288677-40
oder bei Ihrem Ansprechpartner abgeben.

Noch Fragen?

Frau Hehemann gibt Ihnen vertrauensvoll Auskunft.
Diana Hehemann, Tel. 040/4288677-15
E-Mail: d.hehemann@vhs-hamburg.de

Wo? Wann?

VHS-Haus Billstedt,
Billstedter Hauptstr. 69 a, Raum 16
4 x mittwochs 15.00 – 17.15 Uhr
erster Termin: 21.04.2010

VHS-Haus Karolinenstr. 35, Eingang durch Toreinfahrt links, 2. St., R. 201
4 x freitags 15.00 – 17.15 Uhr
erster Termin: 16.04.2010

VHS-Zentrum Harburg Carrée,
R. Las Vegas
4 x montags 15.00 – 17.15 Uhr
erster Termin: 14.06.2010

Lernen macht Spaß

für gewerblich Beschäftigte

PC-Kurs
Internet

Mögliche Themen

- den Umgang mit dem Internet
- freie Programme, Download
- Sicherheit
- Einrichtung von E-Mail Adresse
- Versenden von E-Mails

Sie bestimmen die Themen gemeinsam mit der Kursleitung.

Sie üben:

- ohne Stress
- in einer kleinen Gruppe mit Ihren Arbeitskollegen/-innen
- mit ganz persönlicher Unterstützung durch eine nette Kursleitung

Kosten?

Der Kurs kostet für Sie kein Geld und findet in Ihrer Freizeit statt.

Interessiert?

Anmeldezettel bis zum **07.04.2010**
faxen an 040/4288677-40
oder bei Ihrem Ansprechpartner abgeben.

Noch Fragen?

Frau Hehemann gibt Ihnen vertrauensvoll Auskunft.
Diana Hehemann, Tel. 040/4288677-15
E-Mail: d.hehemann@vhs-hamburg.de

Wo? Wann?

VHS-Haus Billstedt,
Billstedter Hauptstr. 69 a, Raum 16
4 x dienstags 15.00 – 17.15 Uhr
erster Termin: 20.04.2010

VHS-Haus Karolinenstr. 35, Eingang durch Toreinfahrt links, 2. St., R. 201
4 x freitags 15.00 – 17.15 Uhr
erster Termin: 28.05.2010

VHS-Zentrum Harburg Carrée,
Raum Las Vegas
4 x dienstags 15.00 – 17.15 Uhr
erster Termin: 25.05.2010

Thema: PC Kurs für Anfänger und Fortgeschrittene

Anzahl der UE: 8 Termine à 3 UE
Kosten: 8 Termine à 3 UE : € 1.008,00

Bemerkung: Angebot kann mit zur Vertiefung und/oder mit anderen Schwerpunkten wiederholt angeboten

Zielgruppe (MA/TN)	Inhalte	Methoden / Material	Gewinn für die TN / Definition gelungenen Lernens	Gewinn für das Unternehmen
MA/TN • mit Unsicherheiten im Lesen und Schreiben • die keinen PC-Arbeitsplatz haben • die endlich auch mit dem PC umgehen können wollen • die auch zu Hause lernen möchten	• die wichtigsten Word-Funktionen • Word-Tabellen • Shortcuts • Korrekturen • Internetrecherche • Spiele	• besprochene Aufgaben werden mit Unterstützung der Kursleitung umgesetzt • der Weg von der Aufgabe bis zur Umsetzung / Lösung wird notiert ○ PC, Microsoft Windows XP oder Vista, Microsoft Office 2003, Internetzugang ○ Vorbereitete Übungen ○ Hefte oder Notizblöcke ○ Karteikarten ○ Selbstlernprogramme	• Interesse an den verschiedenen Anwendungsmöglichkeiten ist geweckt • die Angst vorm PC ist reduziert • die wichtigsten Grundbegriffe und Funktionen für´s Arbeiten am PC sind bekannt, verstanden und werden angewendet • das Internet wird als Informationsquelle genutzt • Selbstlernprogramme sind bekannt und werden genutzt	MA • Verbessert seine Lese- und Schreibfähigkeit • reduziert Angst vor der Technik • verliert Angst, vielleicht in der Firma mit dem PC arbeiten zu müssen • trainiert seine Lernfähigkeit • wird ggf. flexibler einsetzbar

GRAWIRA ist ein Verbundprojekt der Hamburger Volkshochschule und der Johann Wolfgang Goethe–Universität Frankfurt

www.grawira.de

Lernen macht Spaß

für gewerblich Beschäftigte

Preise und Kosten:

- **Rechnen im Alltag** -

Mögliche Themen:

- Rechnen mit dem Taschenrechner oder mit dem Rechner im Handy
- Preisvergleiche
- die Ersparnis bei Sonderangeboten
- Rechnungen überprüfen
- Ratenzahlungen gegen Barzahlung vergleichen
- ausrechnen, wie groß die Wohnung ist
- überschlagen, wie teuer der Teppichboden wird

Sie bestimmen die Themen gemeinsam mit der Kursleitung.

Sie üben:

- ohne Stress
- in einer kleinen Gruppe mit Ihren Arbeitskollegen/-innen
- mit ganz persönlicher Unterstützung durch eine nette Kursleitung

Kosten?
Der Kurs kostet für Sie kein Geld und findet in Ihrer Freizeit statt.

Interessiert?
Anmeldezettel bis zum **07.04.2010**
faxen an 040/4288677-40
oder bei Ihrem Ansprechpartner abgeben.

Noch Fragen?
Frau Hehemann gibt Ihnen vertrauensvoll Auskunft.
Diana Hehemann, Tel. 040/4288677-15
E-Mail: d.hehemann@vhs-hamburg.de

Wann? Wo?
RNW Schulungsraum
Offakamp 9a
8x dienstags 15.00 – 16.30 Uhr
erster Termin: **20.04.2010**

RM Besprechungsraum
Bullerdeich 19
8 x donnerstags 15.00 – 16.30 Uhr
erster Termin: **22.04.2010**

Lernen macht Spaß!

Weiterbildungsangebote für
gewerbliche Mitarbeiter/innen

Lesen und Schreiben

... fällt Ihnen schwer, Sie möchten es aber endlich richtig können?

Wir finden den passenden Kurs für Sie!

Mehr **vertrauliche Informationen** erhalten Sie bei

- Ihrem Personalrat oder
- Ihrem Ansprechpartner für die Weiterbildungsangebote in den Regionen oder
- Frau Almut Schladebach von der Volkshochschule
  Tel. 040/428 86 77-24
  E-Mail: a.schladebach@vhs-hamburg.de

gefördert von:

Lernen macht Spaß!

Weiterbildungsangebote für gewerbliche Mitarbeiter/innen

Deutsch in Alltag und Beruf

Sie üben:
- ohne Stress
- in einer kleinen Gruppe mit Ihren Arbeitskollegen/-innen
- mit ganz persönlicher Unterstützung durch eine nette Kursleitung

Kosten?

Der Kurs kostet für Sie kein Geld und findet in Ihrer Freizeit statt.

Interessiert?

Anmeldezettel bis zum **09.08.2010** faxen an 040/4288677-40 oder beim Ansprechpartner in Ihrer Region abgeben.

Noch Fragen?

Frau Hehemann gibt Ihnen vertrauensvoll Auskunft:
Diana Hehemann, Tel. 040/4288677-15
E-Mail: d.hehemann@vhs-hamburg.de

Wann? Wo?

8 x montags 15:00 □ 16:30 Uhr
RW, Schulungsraum
Schnackenburgallee 100
Kursleitung: E. Neuner
erster Termin: 23.08.2010

Mögliche **Themen**:
- Lesen und Schreiben
- Groß- und Kleinschreibung
- Zusammen- und Getrenntschreibung
- Kommasetzung
- Fremdwörter
- Im Duden Hilfe finden für Rechtschreibfragen

Zu Beginn des Kurses findet eine **Einstufung** statt. Danach werden die Themen gemeinsam festgelegt.

gefördert von:

GRAWiRA

Thema: Lerncafé als offenes Angebot

Bemerkung: Dauerangebot in Unternehmen. Zeitpunkt abhängig von der Organisationsstruktur.

Anzahl der UE: 8 Termine à 2 UE
Kosten: Lernbegleiter
- aus dem Internet kostenlos
- peer group: € 120,00
UE nach Absprache

Zielgruppe (MA/TN)	Inhalte	Methoden / Material	Gewinn für die TN / Definition gelungenen Lernens	Gewinn für das Unternehmen

• TN mit migrantischem Hintergrund, die wenig lesen und schreiben können
• TN mit Deutsch als Muttersprache, die wenig lesen und schreiben können
• TN mit Unsicherheiten im Lesen und Schreiben
• TN, die gern ohne Hilfe Lesen und Schreiben können möchten
• TN, die eher ängstlich sind und sich bisher nicht getraut haben, an einem PC-Kurs teilzunehmen.
• TN, die gern auch zu Hause weiter lernen möchten
• TN, die besser im Rechnen werden wollen
• TN, die sich auf den HASA vorbereiten
	• PC-„handling" allgemein
	• Internetnutzung
	• Mit Lernprogrammen am PC arbeiten
	• Einen PC zum Schreiben benutzen
	• E-Mails
		• Blended learning
		• Unterstützung durch KL und Lernbegleitern aus der peergroup
		• Entdeckendes Lernen
		• TN-orientiertes Lernen
		• Offenes Lernen
		• Pausen für ein Gespräch und Austausch
		    ○ Karolus
		    ○ Legasthenie-Software
		    ○ Lernportal „Ich will lernen"
			• Ängste ablegen, die die Lese- und Rechtschreibfähigkeiten betreffen
			• mit Selbstvertrauen Texte bearbeiten
			• Selbstbewusstsein aufbauen, sich Veränderung zutrauen
			• selbständig ihre Lese- und Rechtschreibkompetenzen erweitern
			• den Umgang mit dem PC lernen
			• die verschiedenen Teile des Computers kennen lernen
			• Sicherheit im Umgang mit dem PC bekommen
			• das Lernportal kennen lernen
			• selbstständig das Lernportal bearbeiten können
			• sicherer in der Rechtschreibung werden
			• andere Lernprogramme kennen lernen
			• um Unterstützung bitten, wenn man / frau nicht mehr weiter weiß
				MA
				• sind flexibler Einsetzbar
				• trauen sich, Veränderungen mitzumachen
				• kommen angstfreier zur Arbeit
				• bringen sich eher ins Team ein
				• nutzen den PC zur Wissenserweiterung und Kommunikation mit anderen
				• bilden sich auch in der Freizeit weiter

GRAWiRA ist ein Verbundprojekt der Hamburger Volkshochschule und der Johann Wolfgang Goethe–Universität Frankfurt

HAMBURGER VOLKSHOCHSCHULE

UNIVERSITÄT FRANKFURT AM MAIN

Gefördert vom Bundesministerium für Bildung und Forschung

www.grawira.de

Lernen macht Spaß!

In entspannter Atmosphäre, mit netten Kursteilnehmer/innen, mit einer engagierten Kursleitung und ohne Stress und Noten bringt es tatsächlich Spaß.

Aufraffen lohnt sich!

Ansprechpartner:

Region Mitte:
Gustavo Kalab
Tel. (040) 2576-2121

Region Süd:
Benjamin Stachnick
Tel. (040) 2576-2266

Region Ost:
René Rump
Tel. (040) 2576-2329

Region Nordwest:
Petra Wilke
Tel. (040) 2576-2424
Ronny Scharping
Tel. (040) 2576-2421

Region West:
Thomas Voß
Tel. (040) 2576-2580

Personalrat:
Heinz Storm
Tel. (040) 2576-1373

Personalentwicklung:
Kerstin Gladasch
Tel. (040) 2576-1158
Timo Brückner
Tel. (040) 2576-1183

Hamburger VHS:
Frau Schladebach
Tel: (040) 428 86 77-24

Lernen macht Spaß!

Weiterbildungsangebote

für

gewerbliche Mitarbeiter/innen

Weiterbildungsangebote für gewerbliche Mitarbeiter/innen

Stadtreinigung Hamburg

in Zusammenarbeit
mit der
Hamburger Volkshochschule

Kursangebote April bis Juni 2010:

Umgang mit dem PC:
- Grundbegriffe
- Gestalten von Texten mit Word

PC-Kurs Internet & E-Mail:
- Suchen im Netz
- Senden von Mails und Dateien

PC-Kurs Multimedia:
- Digitale Fotobearbeitung
- Musik, Video, TV

Deutsch in Alltag und Beruf:
- Neue Rechtschreibung
- Briefe, Hausaufgabenhilfe

Englisch für Einsteiger:
- Englisch im Alltag und im Urlaub
- Englisch sprechen üben

Preise und Kosten:
- Rechnen im Alltag
- Vergleiche anstellen

Der Ton macht die Musik
Kommunikation:
- den Anderen besser verstehen
- selber die passenden Worte finden

Hamburg für wenig Geld:
- Hamburg besser kennen lernen
- Freizeitmöglichkeiten entdecken

- Die Angebote richten sich an die gewerblichen Mitarbeiter/innen der Stadtreinigung Hamburg.

- Die Teilnahme ist für Sie kostenlos und findet in der Freizeit statt.

- Die Kurse finden in den Regionen oder bei der VHS statt.

- Die Kursbeschreibungen (mit genauen Terminen, Zeiten, Orten und Inhalten) und das Anmeldeformular liegen ab 15.03. in den Regionen aus.

- Für Fragen und weitere Informationen steht Ihnen ein/e Ansprechpartner/in in Ihrer Region gerne zur Verfügung (siehe Rückseite).

Thema: Tipps + Tricks zur Rechtschreibung

Anzahl der UE:
Kosten:

Zielgruppe (MA/TN)	Inhalte	Methoden / Material	Gewinn für die TN / Definition gelungenen Lernens	Gewinn für das Unternehmen

• TN deutscher Muttersprache oder mit migrantischem Hintergrund, die lesen könne, aber so schreiben, wie sie sprechen, also viele Fehler machen.
• TN deutscher Muttersprache oder mit migrantischem Hintergrund, die lesen und schreiben können, aber Schwierigkeiten mit der Rechtschreibung haben und deshalb das Schreiben besonders in der Öffentlichkeit umgehen
• TN deutscher Muttersprache oder mit migrantischem Hintergrund, die eigentlich wenige Fehler, aber trotzdem noch sehr unsicher sind.
	• Regeln wiederholen
	• "Buchstabensorten"
	• Regelhaftigkeit der deutschen Rechtschreibung
	• Fehler erkennen lernen
	• Fehler sortieren lernen
	• Wortbausteine erarbeiten
	• Wortarten
	• Dopplung und Dehnung
	• Neue Rechtschreibregeln
		• Tafelarbeit (KL + TN)
		• Texte der TN
		• Fehlerhafte Texte Dritter
		• Gruppen-, Kleingruppen-, Einzelarbeit
		• Wortspiele
		• schriftl. Endevaluation durch TN
		• Abschluss- Gespräch
		  o Partnerdiktat
		  o Fehlerkorrekturbogen
			• TN können ihre Fehler analysieren (Fehlerquellen erkennen)und dem Fehlerkorrekturbogen zuordnen(Fehler sortieren)
			• TN formulieren, erkennen und kennen Regeln, die zur Fehlervermeidung hilfreich sind
			• TN kennen Strategien, gerade den analysierten Fehler zu vermeiden
			• TN verändern ihr Selbstbild: sie sind nicht zu dumm, sondern kennen nicht/ oder wenden eine nicht fassbare Regel nicht an
			• TN haben Bewusstsein über Ihre(n) individuelle(n) Fehlerschwerpunkt(e)
			• TN können Wortarten und Dopplung und Dehnung voneinander unterscheiden
			• Rechtschreibregeln so formulieren, dass andere TN sie verstehen
			• In Partnerarbeit gleichberechtigt lernen
			• Lernfortschritte erkennen
			• TN agieren als Experten in ihrer Gruppe
				MA
				• hat Sicherheit im Umgang mit der (neuen) Rechtschreibung gewonnen
				• hat keine Angst davor, plötzlich am Arbeitsplatz etwas schreiben zu müssen
				• die Angstfreiheit gibt ihm mehr Kraft für seine Arbeit
				• kennt Lernstrategien
				• erkennt neue Lernziele

www.grawira.de

Fragebogen
zu Weiterbildungsangeboten
für gewerbliche Mitarbeiter/innen

Sehr geehrte Kolleginnen und Kollegen,

im ersten Block der Weiterbildungsangebote für gewerbliche Mitarbeiter/innen (April – Juni 2010) nehmen 120 gewerbliche Mitarbeiter/innen an einem Kurs teil.

Bevor wir den nächsten Kursblock vorbereiten, möchten wir Sie fragen, welche Kurse wir für Sie im Herbst 2010 noch einmal anbieten sollen. Außerdem können Sie uns Anregungen für weitere Kursthemen geben.
Wir bitten daher alle interessierten gewerblichen Mitarbeiter/innen um Beantwortung des Fragebogens.
Die Daten werden von der Volkshochschule Hamburg ausgewertet und vertraulich behandelt.

Mit Dank und freundlichem Gruß

Das Projektteam (Personalrat, Regionen, Personalentwicklung und Hamburger Volkshochschule)

Vorname, Nachname:	
Region/Abteilung:	

Ich habe Interesse an folgenden Themen und würde gerne an einem Kurs im Herbst teilnehmen:

Thema/Kurs:	bitte ankreuzen:	Anmerkungen/Hinweise
Deutsch in Alltag und Beruf	☐	alle Kurse unterteilen in Fortsetzung und neu?
Preise und Kosten vergleichen	☐	_____
Umgang mit dem PC für Anfänger	☐	_____
PC-Kurs Internet & E-Mail	☐	_____
PC-Kurs Multimedia	☐	_____
Englisch für Einsteiger	☐	_____
Der Ton macht die Musik (Kommunikation)	☐	_____
Hamburg für wenig Geld	☐	_____

Andere Themen, die mich interessieren würden:

_____

_____

Datum:_____   Unterschrift:_____

Bitte **bis 17.05.** per FAX an (040) 428 86 77 40 senden oder beim Ansprechpartner in Ihrer Region abgeben.

Anmeldebogen
Weiterbildungsangebote für gewerbliche Mitarbeiter/innen

Vorname, Nachname:	
Adresse:	
Region:	
Telefon:	

Ich melde mich an für: bitte ankreuzen Ort Starttermin (Kursnummer)

Deutsch in Alltag und Beruf	☐	RO, Volksdorfer Weg	Mo., 19.04., 15:00 h	(4650GBS60)
	☐	RW, Schnackenburgallee	Mi., 28.04., 15:00 h	(4650GBS61)
Preise und Kosten	☐	RNW, Offakamp	Di., 20.04., 15:00 h	(4650GBS62)
(Rechnen im Alltag)	☐	RM, Bullerdeich	Do., 22.04., 15:00 h	(4650GBS63)
Umgang mit dem PC	☐	VHS Billstedter Hauptstr. 69a	Mi., 21.04., 15:00 h	(4650GBS64)
(für Anfänger)	☐	VHS Karolinenstr. 35	Fr., 16.04., 15:00 h	(4650GBS65)
	☐	VHS Harburg, Carée	Mo., 14.06., 15:00 h	(4650GBS66)
PC-Kurs Internet & E-Mail	☐	VHS Billstedter Hauptstr. 69a	Di., 20.04., 15:00 h	(4650GBS67)
	☐	VHS Karolinenstr. 35	Fr., 28.05., 15:00 h	(4650GBS68)
	☐	VHS Harburg, Carée	Di., 25.05., 15:00 h	(4650GBS69)
PC-Kurs Multimedia	☐	VHS Billstedter Hauptstr. 69a	Do., 15.04., 15:00 h	(4650GBS70)
	☐	VHS Karolinenstr. 35	Mi., 26.05., 15:00 h	(4650GBS71)
	☐	VHS Harburg, Carée	Do., 27.05., 15:00 h	(4650GBS72)
Englisch für Einsteiger	☐	RM, Bullerdeich	Di., 20.04., 15:00 h	(4650GBS73)
(Schnupperkurs)	☐	RO, Rahlau	Mi., 21.04., 15:00 h	(4650GBS74)
	☐	RW, Schnackenburgallee	Do., 27.05., 15:00 h	(4650GBS75)
Der Ton macht die Musik	☐	RS, Neuländer Kamp	Mo., 31.05., 15:00 h	(4650GBS76)
(Kommunikation)				
Hamburg für wenig Geld	☐	VHS Karolinenstr. 35	Fr., 23.04., 15:00 h	(4650GBS77)

Datum: _____   Unterschrift: _____

Anmeldung bitte **bis 07.04.2010** per FAX an (040) 428 86 77 40 senden oder beim Ansprechpartner in Ihrer Region abgeben.

Mehr vom Leben mit Weiterbildung

Fortbildung? Ja bitte – aber ohne Leistungsdruck! Das Zentrum Grundbildung der Hamburger Volkshochschule (VHS) macht´s möglich.

Alle reden von Weiterbildung. Aber oft ist es nicht leicht sich aufzuraffen. Vor allem nach der Arbeit oder wenn unschöne Schulerinnerungen im Wege stehen. Oder die Sorge, nicht gut genug zu sein.

Wir meinen: Aufraffen lohnt sich trotzdem! Wichtig ist nur das richtige Angebot.

Bei uns sind die Lerngruppen klein, die Preise auch. Und Druck ist absolut tabu!

Der PC-Kurs für BGFG Mitarbeiter und Mitarbeiterinnen, die keinen PC-Arbeitsplatz haben, kostet sogar nur 0,00€!

Mehr Wissen, mehr Selbstvertrauen

„Wir sind überzeugt, dass Bildung das Leben bereichert – persönlich wie beruflich", erklärt Ellen Abraham, Mitbegründerin des Zentrums. Sie und das Team möchten die Freude am Lernen (wieder) wecken.

Ihre Erfahrung: „Wissen und Können stärken das Selbstbewusstsein. Man fühlt sich einfach sicherer."

Und das Konzept geht auf:

Die Kurse sind voll, die Teilnehmenden begeistert. „Hätte ich das bloß schon früher gemacht", so der Kommentar eines Teilnehmers.

Hamburg, d. 22.01.2009

Budnikowsky engagiert sich in GRAWiRA (Teil III)
Karin A. berichtet

Ich, Karin A., bin eine von den 200 Teilnehmerinnen und Teilnehmern, die pro Semester einen Lese-/Schreibkurs an der Volkshochschule besuch(t)en.
Leider hat es viel zu lange gedauert, bis ich von diesem Angebot erfahren und endlich den Mut gefunden habe zu einem Beratungsgespräch ins Grundbildungszentrum der Volkshochschule zu gehen.
Wie oft habe ich gedacht: „Hätte ich das bloß schon früher gemacht…!"
Warum nicht?
Ich war es sooo gewohnt, mich mit meiner Unsicherheit im Schreiben zu verstecken.
Mein Selbstvertrauen war seit der Schulzeit total angeknackst.
Von diesem zerstörten Selbstvertrauen geht die Unsicherheit aus.
Von der Unsicherheit kommen die Selbstzweifel und das Gefühl weniger wert zu sein.
Ich hatte das Gefühl, an meiner Misere selber Schuld zu sein.
Ich hatte zwar Arbeit, aber große Angst, irgendeinem Kollegen, einer Kollegin von meinem Problem zu erzählen; Angst, die könnten sich verplappern.
Das ist zum Glück Vergangenheit.
Heute engagiere ich mich im Alpha-Team des Grundbildungszentrums.
Was macht das Alpha-Team?

- Wir stellen uns für Zeitungs-, Radio- und Fernsehinterviews zur Verfügung.
- Wir informieren Betriebsräte, Lehrer, Ausbilder über die Nöte der unsicheren Leser, Schreiber, Lerner und sagen, wo es Hilfe gibt, wo man ohne Druck und Stress in kleinen Gruppen lernen kann.
- Wir möchten in Betriebe gehen und Mitarbeitern Mut machen sich aufzuraffen, vergessene Fähigkeiten wieder auszugraben, nicht zu denken, nicht gut genug zu sein, einfach sicherer zu werden, keine Angst zu haben, wenn ihnen jemand über die Schulter guckt, Freude am Lernen (neu) zu entdecken.

Bei mir hat es geklappt. Inzwischen habe ich wieder das Gefühl etwas wert zu sein, habe mein Können und Wissen vergrößert, mein Selbstbewusstsein durch die Lese-/Schreibkurse und den PC-Kurs, die ich im Grundbildungszentrum gemacht habe, zurück gewonnen.
Sind Sie neugierig geworden? Mehr Informationen erhalten Sie bei der GRAWiRA Projektleiterin oder auf der GRAWiRA Internetseite www.grawira.de und natürlich bei Frau Haupts.
Rufen Sie uns an:
Waltraud Haupts, MAV, Telefon 0163 6827900
Ellen Abraham, Hamburger Volkshochschule, Telefon 040 736171-26

Lernen ohne Stress

Die SRH bietet den gewerblichen Mitarbeitern in Zusammenarbeit mit der Hamburger Volkshochschule ab April 2010 verschiedene Weiterbildungsmöglichkeiten wie PC-Kurse, Sprachkurse oder Kommunikationskurse. Die Kurse sind für die Teilnehmer kostenlos und finden größtenteils in den Regionen statt.

Die Kurse richten sich an alle interessierten gewerblichen Mitarbeiter aus den Regionen, Werkstätten, Läger oder Kantinen und finden in der Freizeit statt. Die Inhalte sind so lebensnah ausgewählt, dass jeder davon einen praktischen und privaten Nutzen hat.

Das Beste: Die Lerngruppen sind klein und Druck ist tabu. Die ersten Kurse für das Frühjahr bereiten die Regionen, der Personalrat, die Volkshochschule und die Personalentwicklung gerade vor. Mitte März gibt es weitere Informationen zu den Kursangeboten und zur Anmeldung.

So kann Lernen Spaß machen. Aufraffen lohnt sich!

GRUNDBILDUNG ALPHABETISIERUNG WIRTSCHAFT ARBEIT

GRAWiRA

Teilnehmer Evaluation Grundbildungskurse

A. Anfangsbefragung

1. Warum haben Sie sich gerade zu diesem Kurs angemeldet?
   _____
   _____
   _____
   _____

2. Was möchten Sie lernen?
   _____
   _____
   _____
   _____

3. Wann wäre die Teilnahme am Kurs für Sie ein Erfolg?
   Wann sagen Sie: „Gut, dass ich mitgemacht habe!"
   _____
   _____
   _____
   _____

GRAWIRA ist ein Verbundprojekt der Hamburger Volkshochschule und der Johann Wolfgang Goethe-Universität Frankfurt

GRUNDBILDUNG ALPHABETISIERUNG WIRTSCHAFT ARBEIT

GRAWiRA

B. Endbefragung (Kurstitel:_____)

Der Kurs ist nun zu Ende:
Sie haben sich den Kurs ganz bewusst ausgesucht.
Es wäre nett, wenn Sie die folgenden Fragen beantworten würden:

1. Wie war der Kurs für Sie? (was zutrifft bitte einkreisen, mehrere Nennungen möglich)

   anstrengend   habe was Neues gelernt   hat Spaß gemacht,

   hilfreich   super   langweilig   interessant

2. Was können Sie jetzt besser als vorher?
   _____
   _____

3. Was hat Ihnen gefallen?
   _____
   _____

4. Was hat Ihnen **nicht** gefallen?
   _____
   _____

5. Was hätten Sie gerne anders?
   _____
   _____

6. Würden Sie den Kurs anderen Teilnehmern/Teilnehmerinnen empfehlen? (was zutrifft bitte einkreisen, mehrere Nennungen möglich)

   Ja   nein   nicht unbedingt   vielleicht   auf jeden Fall

GRAWIRA ist ein Verbundprojekt der Hamburger Volkshochschule und der Johann Wolfgang Goethe-Universität Frankfurt

HAMBURGER VOLKSHOCHSCHULE

JOHANN WOLFGANG GOETHE
UNIVERSITÄT
FRANKFURT AM MAIN

GEFÖRDERT VOM
Bundesministerium
für Bildung
und Forschung

C. Auswertung „Lernen am anderen Ort"

1. Was wurde gemacht?

2. Welche besonderen Ereignisse gab es?

3. Was denken Sie, welche Lernziele wir/ die KL/ die VHS mit diesem Kurs verfolgt haben?
   a) allgemein   b) für den Beruf

4. Was war für Sie besonders wichtig?

5. Was war für Sie besonders erfolgreich?

6. Was wissen Sie jetzt, was Sie vorher nicht wussten (Wissen)?

7. Was können Sie jetzt, was Sie vorher nicht konnten (Kompetenz)?

8. Wie können Sie das Gelernte für sich nutzen?
   a) allgemein   b) für den Beruf

9. Wodurch wurde Ihnen das, was Sie neu gelernt hast, bewusst/ bewusst gemacht?

10. Wodurch wurde Ihnen das, was Sie jetzt neu können, bewusst/ bewusst gemacht?

11. Welche Fehler wurden von Ihnen oder anderen gemacht?

12. Worin unterscheidet sich für Sie dieses Lernen am anderen Ort vom Lernen im Unterrichtsraum?

13. Was würden Sie gern noch üben?

GRUNDBILDUNG ALPHABETISIERUNG WIRTSCHAFT ARBEIT

GRAWiRA

Evaluation für KL
Englisch für Stadtreinigung HH Juli 2010

1. Was wurde im Kurs behandelt?

2. Was kam gut an bei den TN?

3. Was war anders gegenüber anderen Englischkursen? (auffällig, schwierig positiv)

4. Reichen 4 Kurstermine Ihrer Meinung nach für einen Schnupperkurs?

5. Wie wurde die Befragungen von den TN aufgenommen?

6. Gab es Probleme? (mit den TN, Ort, ..)

Hamburger Volkshochschule · Billstedter Hauptstraße 69a · 22111 Hamburg

BGFG Baugenossenschaft freier Gewerkschafter eG
Frau Vicky Gumprecht
Willy-Brandt-Str. 67
20457 Hamburg

Hamburger Volkshochschule
Zentrum Grundbildung und
Drittmittelprojekte
Billstedter Hauptstraße 69a
22111 Hamburg
www.grawira.de

Ellen Abraham
Tel.: 040-4288677-26
Fax: 040-4288677-40
H.: 0162 44 39 484
e.abraham@vhs-hamburg.de

Hamburg, den 14.06.2010

Betreff: GRAWiRA – Umfrage Kooperationspartner

Was haben wir mit und aus GRAWiRA gelernt – eine Umfrage unter den Kooperationspartnern aus Unternehmen und Betrieben

1. Was nehmen wir aus GRAWiRA mit bezogen auf die konkrete Umsetzung von „Grundbildung als Element betrieblicher Personalentwicklung"?

2. Was haben wir über unsere Geringer Qualifizierten Mitarbeiter (GQM) gelernt?
   a) bezogen auf die Ansprache der Zielgruppe GQM

   b) bezogen auf die Lernbereitschaft der Zielgruppe

3. Hat sich durch die Grundbildungsangebote / die Qualifizierungsangebote bereits ein Mehrwert gezeigt,

   JA [x]   NEIN [ ]

   bzw. welcher Mehrwert wird erwartet?

   a) für unsere Mitarbeiter

   b) für unser Unternehmen

4. Was sind die Herausforderungen bei der Umsetzung von „Grundbildung als Element betrieblicher Personalentwicklung"?

5. Was braucht es, um die Herausforderungen zu bewältigen?

GRUNDBILDUNG   ALPHABETISIERUNG   WIRTSCHAFT   ARBEIT

GRA WiR A

Informationsveranstaltung für Betriebsräte

Grundbildung als Element betrieblicher Personalentwicklung:
Ein Gewinn für Arbeitnehmer und Arbeitgeber!

Das Thema „Grundbildung" im Zusammenhang mit dem Thema „Lebensbegleitendes Lernen" spielt in der betrieblichen Personalentwicklung für die Zielgruppe „Geringer qualifizierter Mitarbeiter/-innen" (GQM) noch immer nicht wirklich eine Rolle.

Dies möchten wir ändern und laden Sie herzlich ein, an unserer Info Veranstaltung

am xxxxxxx,   um xxxxxxx,   in Raum xx,   im Gewerkschaftshaus yyyy

teilzunehmen!

- Als Auftakt zeigen wir Ihnen einen kleinen Spot aus dem Betriebsalltag eines Arbeitnehmers, der unsicher im Lesen und Schreiben ist.
- Wir stellen dar, was alles europaweit unter Grundbildung verstanden wird und mit welchen Problemen sich Mitarbeiter/Kollegen unter Umständen herumschlagen müssen, die über nicht ausreichende Grundbildungskompetenzen verfügen.
- Wir erklären Ursachen und geben Hinweise auf mögliche Unterstützung durch Institutionen oder Personen des Vertrauens (Multiplikatoren).
- Wir vermitteln Argumente, die den Arbeitgeber überzeugen, dass auch er einen Gewinn davon hat, wenn er seinen GQM Grundbildungsangebote finanziert.
- Wir berichten von der Motivation von Unternehmen, die begonnen haben, Grundbildung zu „ihrer" Sache zu machen.
- Wir zeichnen die Wege nach, die in den Unternehmen gegangen wurden, um auch die GQM für Weiterbildung zu gewinnen.
- Wir zitieren Mitarbeiter, die an Grundbildungskursen teilgenommen haben, „was ihnen das gebracht hat".

Ellen Abraham
Projektleitung GRAWiRA
www.grawira.de

GRAWiRA ist ein Verbundprojekt der Hamburger Volkshochschule und der Johann Wolfgang Goethe-Universität Frankfurt

LITERATURLISTE, AUTOREN UND BILDNACHWEIS

Abraham, Ellen; Linde, Andrea: Alphabetisierung / Grundbildung als Aufgabengebiet der Erwachsenenbildung. In: Tippelt, R.; Hippel, A. v. (Hrsg.), Handbuch der Erwachsenenbildung / Weiterbildung, 4. Auflage 2010, S. 889-903, 2010

Abraham, Ellen: „Fremdsein im eigenen Land – Forderungen an ein Konzept Grundbildung". In: Die Fremde - Das Fremde - Der Fremde, Dokumentation der Jahrestagung 1992 der Kommission Erwachsenenbildung der Deutschen Gesellschaft für Erziehungswissenschaften. Beiheft zum Report, Derichs-Kunstmann, K.; Schiersmann, C.; Tippelt, R. (Hrsg.), Frankfurt/Main: DIE, S. 189ff., 1993

Abraham, Ellen: Assessing Prior Learning Across Europe; Case Study of Single Institution 'Hamburger Volkshochschule'. Paper presented on conference „Continuing Education for Continuing Employablity". Penrith, GB, 8-10 July 1998; F.A.C.E. / Socrates Project "The Learning Bridge", 1998

Abraham, Ellen: Dienstleistungsnetzwerk Bildung und Lernkultur – Ansätze der Alphabetisierung – Muster für eine veränderte Lernkultur. In: Alphabetisierung und Sprachenlernen; Eine Fachtagung in der Evangelischen Akademie Bad Boll, ISBN 978-3-12-555170-1, Hrsg. Stuttgart: Ernst Klett Verlag, S. 191-201, 2002

Bahl, Anke (Hrsg.): *Kompetenzen für die globale Wirtschaft*. Bonn: Bundesinstitut für Berufsbildung, 2009

Bildung für Europa, Heft 13, „Lernergebnisse – Schlüssel für die Verständigung in Europa?", 2010

Buck, Hartmut: Geistige Mobilität und Teilhabe in der Erwerbsbiographie. In: Gesundheit Berlin (Hrsg.): Dokumentation zum 12. bundesweiten Kongress Armut u. Gesundheit. Berlin, Datei: Buck.pdf, 2007

Change, Das Magazin der Bertelsmann Stiftung, Sonderheft 2009. Deutschland 2010 – Blick nach vorn!

Dashorst, Marijke; Säävälä, Tapio: „Alphabetisierung und Grundbildung auf der Europäischen Agenda" In: DIE Magazin, Jg. 16. (2009), 1, S. 22-23, 2009

DIE (Deutsches Institut für Erwachsenenbildung): Grundqualifikationen – Grundbildung – Alphabetisierung. Informationsdienst „Netzwerk Grundqualifikationen", Nr. 2, 2001

Erpenbeck, John; von Rosenstiel, Lutz (Hrsg.): Handbuch Kompetenzmessung. Erkennen, verstehen und bewerten von Kompetenzen in der betrieblichen, pädagogischen und psychologischen Praxis; Stuttgart: Schäffer-Poeschel, S. IX-XXXVII, 2003

Europäische Union: Empfehlungen des Europäischen Parlaments und des Rates vom 18. Dezember 2006 zu Schlüsselkompetenzen für lebensbegleitendes Lernen. Amtsblatt 2006/962/EG, 30.12.2006., 2006

Fachhochschule Köln: KOMpetenzPASS. Ein Leitfaden für Ihre eigenständige Kompetenzentwicklung. Download „KomPass".

Feninger, Gerd: Kompetenzorientierte Qualifizierung und Personalentwicklung für den weltweiten Wettbewerb – Ansätze und Erfahrungen eines globalen Unternehmens. In: Bundesinstitut für Berufsbildung (Hrsg.): Kompetenzen für die globale Wirtschaft, Bonn: Bundesinstitut für Berufsbildung, S. 207-217, 2009

Flegel, Dirk; Schroeder, Joachim: Welche Rechenkompetenzen benötigt eine Wäscherin? Schulpädagogische Konsequenzen aus den realen Anforderungen in Jobs des unteren Qualifikationsbereiches. In: Sonderpädagogische Förderung, 50. Jg., (2005), 4, S. 390-407, 2005

Herrmann, Christina: „Dumme Putze ...". Ein Projekt räumt auf. In: Wissenschaftliche Arbeitsstelle des Nell-Breuning-Hauses (Hrsg.): Voll prekär – total normal? Die Arbeitsrealitäten wahrnehmen. Aachen: Shaker Verlag, S. 115-120, 2006

Huber, Andreas: Das Wissensquintett – Fünf Intelligenzen für das 21. Jahrhundert. In: Psychologie Heute. 36. Jg., (2009), 7, S. 36-39, 2009

Lappe, Lothar (Hrsg.): Fehlstart in den Beruf? Jugendliche mit Schwierigkeiten beim Einstieg ins Arbeitsleben. München: DJI., 2003

Lutz, Helma: Vom Weltmarkt in den Privathaushalt. Die neuen Dienstmädchen im Zeitalter der Globalisierung. Opladen: Barbara Budrich, 2007

OECD: Definition und Auswahl von Schlüsselkompetenzen (DeSeCo), Zusammenfassung. http://www.oecd.org/dataoecd/36/56/35693281.pdf. (Zugriff: 20.07.2005), 2005

Reich, Robert: Die drei Jobs der Zukunft. In: Peter K.; Sonnenschein, U. (Hrsg.): Globalisierung im Alltag. Frankfurt am Main: Suhrkamp Verlag, S. 144-158, 2002

Scherer, Hermann: *Jenseits vom Mittelmaß*. Gabal Verlag, Offenbach, 2009

Strauch, Anne: Herausforderungen und didaktische Prinzipien. In: bildung für europa, 13.Jg. (2010) 6, S. 10-11, 2010

Süssmuth, Rita: Bessere Ausschöpfung aller Potenziale vorantreiben. In: „Bildung für Europa", 11. Jg. (2008) 9, S. 3-4, 2008

Themenheft: Sprache und Beruf - Förderung beruflicher Kommunikation. Berufsbildung Nr. 120, (2009) 12, herausgegeben von Horst Biermann.

Themenheft: Intimacy of lifelong learning - ...innere Seite des Lernens. DIE Zeitschrift für Erwachsenenbildung, 16.Jg. (2009), 2, herausgegeben von: Deutsches Institut für Erwachsenenbildung, Leibniz-Zentrum für Lebenslanges Lernen.

Themenheft: Bildung als Basis für einen Platz in der Gesellschaft. Weiterbildung, (2008), 6, Luchterhand Verlag

Vereinigung der Bayerischen Wirtschaft: http://www.vbw-bayern.de/agv/vbw-Themen-Bildung-Weiterbildung-Aktuelles-15138.htm

Wikipedia (2009): Schlüsselqualifikation. http://de.wikipedia.org/wiki/Schlüsselqualifikation. (Zugriff: 24.05.2009)

Autoren

Ellen Abraham,
OSTR a.S., ist ausgebildete Volksschullehrerin und Sonderpädagogin. Von 1986 bis 2008 leitete sie zunächst die Bereiche Alphabetisierung, Deutsch als Fremdsprache, interkulturelle Bildung, Grundbildung und Schulabschlüsse und später das Zentrum Grundbildung und Drittmittelprojekte an der Hamburger Volkshochschule. Leiterin des pädagogischen Teilprojekts im Projektverbund GRAWiRA.

Joachim Schroeder,
Dr. rer.soc. habil., Professor für Lernbehindertenpädagogik am Fachbereich Erziehungswissenschaften der Goethe-Universität Frankfurt/Main. Seine Arbeitsschwerpunkte sind Schulentwicklung, Migrations- und Geschlechterforschung und berufliche Eingliederung benachteiligter Jugendlicher und junger Erwachsener. Leiter des wissenschaftlichen Teilprojekts im Projektverbund GRAWiRA.

Bildnachweis

Anne-Kristin Bindl, P. Hiltmann/Digitalstock (S.64), Archiv Stadtreinigung Hamburg, Chepko Danil Vitalevich/Shutterstock (Titel), Elena Schweitzer/Fotolia (S. 73), Marc Thielen

Betriebliche Weiterbildung für Geringqualifizierte

Demographische Entwicklung, Globalisierung und veränderte Anforderungen an Einfacharbeitsplätze erfordern zunehmend auch die Weiterbildung geringqualifizierter Arbeitnehmer.

Dieser Leitfaden basiert auf den Erfahrungen des Hamburger GRAWiRA-Projektes. Er stellt externen wie internen Personalentwicklern, Unternehmensberatern und Bildungsanbietern die erarbeiteten, erprobten und evaluierten innovativen Ansätze und Produkte zur Verfügung, mit denen Unternehmen für das Thema sensibilisiert und bildungsferne Mitarbeiter für die Teilnahme an Grundbildungsangeboten gewonnen wurden. Es wird deutlich, dass Arbeitnehmer und Arbeitgeber von der Einbindung der Zielgruppe in das Konzept des Lebensbegleitenden Lernens profitieren.

Ellen Abraham
Betriebliche Weiterbildung für Geringqualifizierte
Ein Akquise-Leitfaden für Personalentwickler
November 2010, 142 S.,
24,90 € (D)/42,80 SFr
ISBN 978-3-7639-4700-3
ISBN E-Book
978-37639-4701-0
Best.-Nr. 6004135

wbv.de

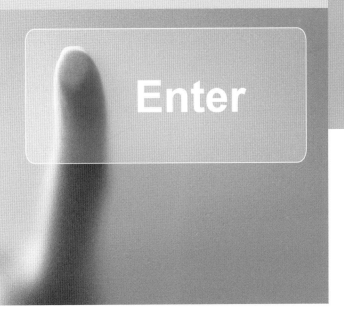

W. Bertelsmann Verlag
Bestellung per Telefon **0521 91101-11**   per E-Mail **service@wbv.de**

Personalmanagement

LEP-Konzept reagiert auf demografische Veränderungen

Das lebensereignisorientierte Personalmanagement (LEP) geht davon aus, dass die Lebensereignisse der Mitarbeiter in der Personalarbeit berücksichtigt werden müssen. Ziel ist es, betriebliche Belange und individuelle Herausforderungen auszubalancieren und damit das Potenzial aller Mitarbeiter optimal in das Unternehmen einzubringen – alters- und geschlechtsunabhängig. LEP ist flexibel, weil es auf die gesellschaftlichen sowie die beruflichen und privaten Herausforderungen des einzelnen Mitarbeiters schnell reagieren kann – und es ist anschlussfähig an vorhandene Personalinstrumente.

Sascha Armutat et al. (Hg.)
Lebensereignisorientiertes Personalmanagement
Eine Antwort auf die demografische Herausforderung
DGFP-PraxisEdition, Band 91
2009, 180 S.,
29,– € (D)/51,50 SFr
ISBN 978-3-7639-3388-4
Best.-Nr. 6001678

wbv.de

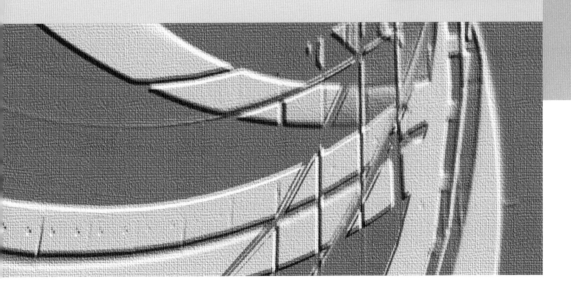

W. Bertelsmann Verlag
Bestellung per Telefon **0521 91101-11**   per E-Mail **service@wbv.de**